雷海宗讲西洋文化史

雷海宗 著

百花洲文艺出版社
BAIHUAZHOU LITERATURE AND ART PRESS

图书在版编目（CIP）数据

雷海宗讲西洋文化史 / 雷海宗著. -- 南昌 : 百花洲文艺出版社, 2021.3
ISBN 978-7-5500-4072-4

Ⅰ. ①雷… Ⅱ. ①雷… Ⅲ. ①文化史—西方国家Ⅳ. ①K103

中国版本图书馆 CIP 数据核字（2021）第 004095 号

雷海宗讲西洋文化史
雷海宗　著

出 版 人　章华荣
责任编辑　胡青松
特约编辑　吴修丽　叶青竹
书籍设计　刘昌凤
出版发行　百花洲文艺出版社
社　　址　南昌市红谷滩世贸路 898 号博能中心一期 A 座 20 楼
邮　　编　330038
经　　销　全国新华书店
印　　刷　三河市双峰印刷装订有限公司
开　　本　880mm×1230mm　1/32　　印张　8.75
版　　次　2021 年 3 月第 1 版第 1 次印刷
字　　数　166 千字
书　　号　ISBN 978-7-5500-4072-4
定　　价　79.80 元

赣版权登字　05-2021-29

邮购联系　0791-86895108
网　　址　http://www.bhzwy.com

《大师讲堂》系列丛书

▶ 总序

/ 吴伯雄

梁启超说："学术思想之在一国，犹人之有精神也。"的确，学术的盛衰，关乎一个民族的精神气象与文化氛围。民国是一个动荡不安的时代，内忧外患，较之晚清，更为剧烈，中华民族几乎已经濒临亡国灭种的边缘。而就是在这样日月无光的民国时代，却涌现出了一批批大师，他们不但具有坚实的旧学基础，也具备超前的新学眼光。加之前代学术的遗产，西方思想的启发，古义今情，交相辉映，西学中学，融合创新。因此，民国是一个大师辈出的时代，梁启超、康有为、严复、王国维、鲁迅、胡适、冯友兰、余嘉锡、陈垣、钱穆、刘师培、马一孚、熊十力、顾颉刚、赵元任、汤用彤、刘文典、罗根泽……单是这一串串的人名，就足以使后来的学人心折骨惊，高山仰止。而他们在史学、哲学、文学、考古学、民俗学、教育学等各个领域所取得的成就，更是创造出了一个异彩纷呈的学术局面。

岁月如轮，大师已矣，我们已无法起大师于九原之下，领教大师们的学术文章。但是，"世无其人，归而求之吾书"（程子语）。

大师虽已远去，他们留下的皇皇巨著，却可以供后人时时研读。时时从中悬想其风采，吸取其力量，不断自勉，不断奋进。诚如古人所说："圣贤备黄卷中，舍此安求？"有鉴于此，我们从卷帙浩繁的民国大师著作当中，精心编选出版了这一套"大师讲堂系列丛书"，分辑印行，以飨读者。原书初版多为繁体字竖排，重新排版字体转换过程当中，难免会有鲁鱼亥豕之讹，还望读者不吝赐正。

吴伯雄，福建莆田人，1981年出生。2003年考入福建师范大学古代文学研究系，师从陈节教授。2006年获硕士学位。同年9月考入复旦大学中文系古代文学专业，师从王水照先生。2009年7月获博士学位。同年9月进入福建师范大学文学院古代文学教研室工作。推崇"博学而无所成名"。出版《论语择善》（九州出版社），《四库全书总目选》（凤凰出版社）。

目录

第一章 埃 及

一、地 理

埃及是世界上最大的一个绿洲。“绿洲”一词是埃及最先有的，埃及称沙漠中那些有水有生物的地方为“uahe”，意即“绿洲”。此词后经由希腊文而传至全世界。

古代埃及人自称其地为“Kemi”或“Kemet”，意为“黑土”。因流经沙漠地带的尼罗河泛滥过后，被其浇灌了的河两岸的沙土上便留下了一层黑色的淤泥，因而才给予了原是撒哈拉大沙漠一部分的埃及以一片可耕的肥沃的黑土。所以可以说埃及就是尼罗河，没有尼罗河就没有埃及。“Kemi”一字后来传到希腊，希腊文依其字法改写作“Aegyptos”，是为埃及之名的由来。

埃及除三角洲地方因能够受到地中海东部气候的影响在冬季有

雨外，全国终年都不落雨，水源完全要靠尼罗河。但尼罗河虽带给了人以生命，同时也带给了人以灾害，因此，埃及人很早就建筑了人工灌溉的水利系统，使尼罗河水能充分为人所控制和利用。尼罗河是埃及人生活的泉源，故埃及人对尼罗河具有极深刻的印象，尼罗河乃被认为是神。此外，由于沙漠地带长年夏阳，埃及人对终年高悬于其顶上的光明炽热的太阳也不能不有深刻的印象，因此，在埃及神话中，太阳神居于极重要的地位。

埃及实际是一个蛇形的国家，因只有蛇头即尼罗河下游的三角洲和蛇身即三角洲以南的狭长的紧靠尼罗河两岸的一段地方才是唯一的大片的可耕种的地方，也只有这里和沙漠中少数的小绿洲上才是有人居住和有建筑的地方，除此以外，就是一片荒漠。这仅有的一条蛇形土地却特别肥沃。古代埃及人的耕种技术是非常简单的，他们从不翻耕土地，只将种子乱撒在田地里，然后放牛、羊、猪到田里将种子踏入泥土中。他们再不去操劳照顾这些庄稼，于是谷物就会自然地生长起来。肥沃的土地和人工灌溉的设备使古代埃及人在这种原始技术条件下也能得到高度的收获。所以，除非尼罗河水偶然不下来以外，他们从不用担心荒年。

由于农业是埃及人的唯一的重要的生产，因此按农业的生产劳动过程每年可分为三季：七月至十月为一季，这是泛滥季节，这时尼罗河水便溢出两岸，使埃及全国变为一个大湖。河水在十月底到十一月初开始退却，所以每年的十一月至二月时候为一季，这是播种季节。二月至六月为一季，这是收获季节。从这里可以看出，埃及的农业生产是与尼罗河密切相关的，而且在埃及国内只有尼罗河这一条大河——尼罗河没有支流，因此必须集中管理尼罗河，集中支配全国的灌溉，以便保障农业生产的顺利进行。就在上述的自然条件与生产条件影响下，埃及很早就形成了一个统一的国家，它是世界上最早出现的一个比较大的统一的国家。

统一的埃及就其整个所包有的面积来讲，与统一的巴比伦相差无几，但实际上可以进行生产并有人居住的地方却很小，仅只是尼罗河入海处的三角洲和从三角洲南端上溯到第二险滩的尼罗河两岸一段地方。由三角洲入海处到第二险滩共长一〇一〇公里（三角洲到第一险滩是九六五公里，第一险滩到第二险滩是三四五公里），但这一〇一〇公里的地方除三角洲外就其宽度来说，狭的地方却只不过几公里，最宽也只有几十公里，所以连三角洲在内其全部可耕地的面积不过三三六七〇平方公里，比今日瑞士的全部国土还小得多（瑞士全国面积为四一三一〇平方公里）。埃及三角洲地方是埃及历史发展过程中最早的中心，也是埃及最早出现的城市所集中的地方。随着城市的出现国家也出现了，在埃及还未形成为一个统一的国家的时候，三角洲地方的城市国家就与叙利亚地方发生了海上的交通往来关系，叙利亚是这时埃及一切建筑、器具及部分燃料所需的木材的唯一来源。三角洲的城市很早就以其农产品与手工艺品来与叙利亚交换木料。

这些早期的城市曾被发掘出一部分，就其遗址看，各城皆有坚固的城墙，可见当时各城是独立的，而城际之间也一定时常发生战争，因此才建筑城墙以互相防御。在各个城市的中心都有一座大建筑——神宅，神宅又是祭祀神的教士的住宅，而这些教士实际上就是各地方的最早的统治者，埃及王也是自他们中间分化出来的。推想最初这些教士大约是氏族社会中管理当地农业与手工业的人，因为随着埃及原始社会生产的发展，愈益需要一种更细致的分工合作，需要有专门管理灌溉事务的人，而熟悉这些事的人最初就是知识比较丰富的教士。但生产发展提高后，剩余生产品也就多起来了。起初这些剩余生产品作为公共所有，由教士负责保管，后教士乃假借神的名义将公有财产攫为己有，再后更进一步宣称土地人民也都属于神所有，以神的名义将所有的土地变成了私有财产，并在占有大量土地的基础上通过神的名义来奴役和剥削所有的人民。到此时，阶级、国家开始出现了，教士集团乃成为最早的统治阶级，而教士头目也就逐渐蜕变为统治阶级的头目——王。

二、统一的酝酿时期（公元前三一五〇—公元前二八五〇年）与埃及的统一

公元前三一五〇年左右埃及出现了许多城市，而每一个城市也就是一个小国家。与国家出现同时，这些城市国家之间的战争也开始了。战争的目的一方面是为了掠夺财富，而更重要的一方面是掠夺能生产出财富的土地与人民。到后来，战争逐渐自两城之间扩展到包括数目越来越多的城市，而有了城市联盟出现。城市联盟的出现就其表面作用来看不过是一种共同征服与防御的组合，而实质上，这种联盟的产生却还有其经济背景存在，各城之间所以能够组成联盟主要是因为它们在经济上已有了一定程度上的合作。经济上的发展，使小国间经济联系的范围日趋扩大，因而使他们感到有合作的必要，而各城合作的结果则更促进了生产的发展，因之联盟组合的基础也就日益巩固起来。在这样的城市联盟发展的情况下，埃及终于逐渐形成为一个统一的国家。

在公元前三一五〇—公元前二八五〇年间城际战争与征服过程非常曲折，各城力量对比的变化也很快，不过到公元前二八五〇年前不久已趋向于两个固定势力相对立的局面：三角洲地方（下埃

及）与从三角洲的南端直到第一险滩的地方（上埃及）各以一个强大的城市为中心成为两个国家，而形成对垒的局面。约在公元前二八五〇年时上埃及的势力终于战胜了下埃及的势力，把上、下埃及统一起来。自此时开始称上埃及之王美那（Mena）为“上下埃及之王”。自公元前二八五〇年起至今日，在一般正常的状态下埃及国家始终保持着统一的形式。

历史家向来把上古时代的埃及统一后的历史分为“古王国”“中王国”和“新王国”三个主要的时期。

埃及古代的历史书籍久已失传，今日所知最早的埃及历史学家是公元前三世纪时的埃及历史学家马尼陀（Manetho）。他著有《埃及通史》一书。当时埃及已丧失了独立，而为希腊人所统治，此时埃及已开始希腊化了，马尼陀就是一个希腊化了的埃及人，他为满足希腊人的要求，乃根据埃及神庙中所保存的许多古代史料用希腊文写出了这本《埃及通史》。马尼陀的《埃及通史》后亦失传，幸而此书的骨干部分时常为希腊、罗马历史学家所引用，故今日尚能知其梗概。马尼陀将埃及统一后至希腊人统治埃及时代按年代次序排列出三十个王朝，在今日历史学中讲授埃及古代史时尚沿用之。后有些历史学家往往又将希腊王朝列入，排作第三十一王朝。

古代史史学家曾将地下发掘出的许多埃及古代的文献、实物与马尼陀的《埃及通史》对照研究，使埃及古代的历史得以比较清楚地复现。

三、古王国时期
（公元前二八五〇—公元前二〇四〇年）

古王国包括第一王朝至第十王朝，而王国最盛时期则是前五个王朝的时候（公元前二八五〇—公元前二三五〇年）。这五个王朝中第一王朝（公元前二八五〇—公元前二七五〇）势力重心在上埃及——首都建于梯尼（Tini 或 Thinis）。第二王朝（公元前二七五〇—公元前二六五〇）势力重心在下埃及——首都亦设于梯尼。第三王朝（公元前二六五〇—公元前二六〇〇）、第四王朝（公元前二六〇〇—公元前二四八〇）与第五王朝（公元前二四八〇—公元前二三五〇）势力重心皆在上埃及，首都为门内斐（Mennefer），又称门斐（Memphis）。

统一的埃及的王被称为“法老”（Pharaoh），意为“大宅”。大宅是指王所居住的宫室。因为在教士的宣传下，王的地位越来越高，并且越来越神秘，以致后来王本身也被渲染为神了。于是一般人民也都不敢再直呼其称号，而以其所居住的宫室象征之，因而“大宅”乃逐渐成为了王的代名词。

一般国家的王还只不过是假借神的名义，被认为是受神委托代神来统治与管理国家的人，而埃及的王——法老本身就被当作是神，法老被认为是埃及人最崇拜的鹰神霍尔（Horus）的人世化身，同时他又是埃及人最尊崇的太阳神垒（Re）的儿子。此外，他还是埃及所有的神的主祭人。所以埃及实行着一种极端的神权统治。从这里也可以看出埃及王是从教士集团中分化出来的。这时，教士中的头目已变成为最高的统治者，而且被神秘化成为神的化身。同时，由教士集团蜕变出来的统治阶级其内部也已分化为二种人：一种是专门负责与神交往的教士；一种是以法老为首的一批人，他们虽未完全放弃其教士身份，但其主要的工作则是管理人世中被剥削的人民。

在法老之下的政府中最有权的人是首相，首相是法老的最有力的助手，他被特称为“人”。“人”是与法老的“神”对称的，因法老已居于神的地位，根本不能与人民接触，故特别要委派一个“人”来代他直接与人民联系。首相掌握着国家一切的行政工作。在这些工作中他主要管理着两项最重要的全国性的工作：他是最高的法官，一切有关法律的事务最后都上诉到他那里，由他来裁决；他又是一切公共建设、公共建筑、特别是灌溉工程的总管理人。

首相之下有许多机关和官吏分部分层来管理上述两项全国性的重要事务及其他方面的国家行政工作。

当时埃及全国分为四十二州（Nomes，为希腊名词）：上埃及分二十二州，下埃及分二十州。各州有法老直接任命的州伯（Nomarch）总理州内的一切事务。州原是埃及统一前的一些较小的单位——小国。它是由氏族社会时的部落、部族蜕变出来的，从各州的名称中，如“鹰”“兔”“豺”等还可看出原始社会氏族图腾的痕迹。

当时埃及全国土地的所有权不只在名义上，而且在实际上也是属于法老的。法老直接支配全国的土地，这些土地为经营便利起见分为许多大农庄。农庄中的农民的地位，就今天所知的材料看来，其中有自由民，也有奴隶。不过，两者的比例还不清楚。埃及一般的在土地上进行生产劳动的农民就其法律身份来讲，都是自由人，但是他们并没有在名义上由自己占有的土地，只是由法老分配给他们一小块土地来耕种，然后每年要向法老缴纳收获的大部分作为租税，缴税后的所余则仅能勉强维持其本人及其家庭的最低生活而已。所以就其实际地位与生活来讲，他们实与奴隶相差无几。

此外，这些农民不仅要替法老耕种土地，同时还要为法老服劳役。其中有些劳役是与生产有关的，如全国水利灌溉工程的建设与修整工作，这些工作多少是对农民有利的。但更多的劳役却完全是为法老及其左右贵族的个人享受服务的，如修建王宫、神庙等，而其中最主要的一项工作就是建筑法老的陵墓——金字塔。当时各个法老即位后第一件大事就是为自己建陵。在古王国时期金字塔的工程都非常浩大，往往终此法老的一生还未修建完工，而当新法老即位后，另一座金字塔又开始动工了。这样，农民生产以外的全部余暇便都在无偿的劳役当中消耗了。从这方面看这些农民的实际地位更近于奴隶了，因为他们除了从土地生产上取得了一些极少的维持生命的生活资料外，全部的可以从事劳动的时间都是无代价和无限制地由国家的统治阶级来支配，而自己对自己劳动力的支配是没有丝毫自由的。

所以，可以这样说：从表面上看，埃及的奴隶制度并不发达，一般的劳动者在名义上、法律身份上都不是奴隶，但实际上全国的人民，主要即上述的那些从法老手中领取土地来耕种的农民等于是法老一人的奴隶。

统治阶级内部的人——教士、州伯以及各级官吏也都从法老手中分配到数量多寡有差的一块土地。接受土地的人即有全权管理并处理其土地上的一切事务，包括对直接劳动者——农民的控制。埃及各地方都有自己的神和神庙，接受土地的人即成为当地神祇的主祭人，要负责管理当地的神庙，并代替法老直接分配土地给其所属的人民，并管理与统治当地的人民，故他们俨然是各地方的小法老。

在手工艺方面，除原始社会时已有的各种手工艺仍继续发展外，另外还有几种新的手工艺出现并发展起来，如珠宝、家具、冥器以及金、银、铜等金属器物的制作。这些新兴的手工艺都是为统治阶级的奢侈享受生活服务的，由于手工艺的这种性质就决定了埃及的商业活动主要是在本国之内。在古王国时期，商业交换基本上还是实物的交换。不过，此时已开始有了使用黄金与红铜作为交换媒介的倾向，特别在对外的交换上；地方性的小规模的交换则绝大多数用实物。

此时埃及对外的商业范围比其未统一时已扩大了，航海技术也有了很大进步，以前商船只能沿着海岸航行，现在则已能在地中海中活动了。

历史上称古王国的第三王朝至第五王朝时期（公元前二六五〇—公元前二三五〇年）为金字塔时代，这一时期事实上就是古王国的黄金时代。从第三王朝开始，法老建筑的金字塔就逐渐巨大起来。金字塔的逐渐巨大，一方面显示出法老对人民的剥削残酷严重起来，一方面也表现了这时生产力已大大提高，劳动者有可能提供出更多的剩余劳动来被法老浪费，而这时期生产力的提高则是与第三王朝时青铜器的出现分不开的。

随着生产力的提高，在这个时期中埃及的文化也逐渐发展起来。埃及后世曾流传着关于文化英雄伊姆后帕（Imhotep）的事迹，传说伊姆后帕为第三王朝创业王邹色（Zoser）法老的首相，他曾经领导人民预防并战胜了各种灾害，他是第一个想出切砌方石办法的人。又传说他是当时最有学问的人，曾写过许多书，其中主要为天文学和医学著作。因此到后来他被奉为埃及的医药神。这个传说的历史背景是第三王朝时期，这是有其事实根据的，由于当时出现了青铜器，所以才使得文化、科学的各方面都有了较大的发展。大金字塔自第三王朝时开始建筑起来，天文学、医学也是自此时起开始有了长足的发展。但各种文化、技术方面的发展，特别是天文学、医学的发展绝不可能由伊姆后帕一人在短时间内创造出来，它需要长期经验的积累，它一定是多少世代人民的智慧的结晶。而第三王朝以前的长时期就是这样一个酝酿过程，伊姆后帕可能是个集大成的人，把历代人民的零星创造总结和提炼并拿来较大规模地运用到实际生活中。伊姆后帕在这方面是有其一定的功绩的，因此，在古代埃及的传说中把他变成了埃及史上的文化英雄。

这个传说标志着埃及历史向前发展过程中一个在各方面都有着显著发展的阶段。

古王国到第五王朝以后开始衰乱。第六王朝（公元前二三五〇年左右成立）时埃及全国大乱起来，发生了统治阶级内部的混战，总的趋势是地方势力反抗中央。各地的州伯、教士纷纷起来反抗法老统治，同时他们彼此之间也因争夺法老的地位而互相混战。战争的结果，地方势力取得了胜利，摆脱了法老对他们的控制，各地方的州伯、教士皆独立起来。故在第六王朝后期埃及开始有一个新的政治局面出现。

自第七王朝起法老的地位虽仍维持，但法老对各地方的控制权已丧失无余。过去法老的大朝廷统治已分裂为各地的小朝廷统治。这二种形式的统治虽然都是建立在剥削与压榨农民的基础上，但这二种统治形式对农民的剥削压迫在程度上、方法上却有所不同，相对地来说，大朝廷的统治比较能顾及全国，对人民的剥削、压迫比较缓和。小朝廷在摆脱了法老的控制后，为了进行兼并战争，对人民的剥削和压榨则是非常严酷的。在各地方的教士、州伯的残暴榨取之下，农民生活陷于不堪忍受的极度痛苦中，因而引起了农民的不断反抗。在古王国晚期—— 公元前二二〇〇年左右终于爆发了埃及历史上也是人类历史上记载最早的一次农民大起义。

这次大起义绝不可能是一下子爆发起来的，它一定是许多年来仇恨的积累和零星起义的一次总汇合。所以，在此以前，农民对统治阶级的剥削和压榨一定有过许多次的反抗，但埃及历史上始终没有记载。只有这次起义，因其规模之大以及对统治阶级打击之深而留下了一些痕迹。

根据统治阶级事后的记载，此时各地的农民都蜂涌而起，各地都有起义的农民集团在活动，证明这是一次因整个剥削制度所引起的整个阶级的群众性大起义，所谓群众性的起义即是这个阶级中的每一个人都有着同样的感受与要求，只有这种性质的起义才是不可抗拒的，并且其结果一定是一个新制度的出现或旧制度的改善。

这时埃及全国各地都陷入了混乱局面，据说统治阶级的“治安”都无法维持了。起义尚未波及的地区的农民如果下田工作，必须自带武器或由地主武装保护之。一般人都不敢轻易出门旅行了，因为道路上充斥着“强盗”。象征着人民无限苦难的法老、贵族的陵墓，以及各地的神庙都是人民发泄仇恨的对象，人民抢劫了其中值钱的东西，然后彻底地破坏了它。只有在这个时候才彻底暴露出了阶级社会中所谓“神权”的真正作用，以及人民对“神权”的真正态度，国家存粮的仓库也遭到了“洗劫”。从以上各种事实可以想见当时埃及的大部地区都处在起义的农民控制之下。

另方面，从统治阶级的记载中还可以看出这次起义并不是普通的抢劫，而是一次反对旧制度，要求改善现有地位的一次革命斗争。据记载这些起义的农民建立了一些新制度。各地起义的农民都组织了人民法庭，拘捕来当地的旧权贵，加以审讯。当然其中对人民压榨最甚的一些人受到了他们应得的处分：他们的财产的全部或一部分被没收；一部分权贵被处死刑。特别值得注意的是据记载起义农民竟“擅自”将自己的生活水平提高到了“不合理”的程度，记载中指出了二点这种“不合理”的现象：其一是农民开始穿鞋；其二是劳动时间竟由农民自主了，农民工作了一段时间后，居然要到树荫下去休息一会，然后再继续工作。这项记载把过去埃及农民的痛苦生活完全揭露无遗。

最后，农民起义是被镇压下去了，其具体失败经过已不可知。

但这只是说革命的农民群众本身最后没有成立一个新政权，而旧统治的社会基础则在这次斗争中被摧毁了，因为我们看到在起义农民失败之后，埃及的社会和政治上起了很大的变化。首先是那些原来占统治地位的旧贵族阶层基本上被农民推翻了，仅只极少数属于旧贵族阶层的教士、州伯们仍能勉强保持其势力，未被农民打倒。代之而起的是另外一批原来在统治阶级内部并不得志的人物。他们在起义中，曾虚伪地站在农民一边，借助农民的力量扩张了自己的势力，形成为旧贵族阶层与起义农民以外的一种新兴的社会势力，也就是这些人在旧贵族阶层被打倒后，最后地篡夺了农民起义的胜利果实，组织起新的对农民进行统治的政权。而后，在这些新起的各地的统治集团之间又展开了更激烈的斗争，以争夺埃及的最后的统一权。在这场斗争中，埃及南部以塔庇城（Thebae）为中心所兴起的势力逐渐强大起来，最后平定了其他势力，在公元前二〇四〇年左右统一了埃及，建立起第十一王朝，开始了埃及史上的中王国时期。

我们推想可能就是这些新兴势力把那些自发的农民群众力量给镇压了下去，并且在最初一段时期中对农民群众的报复行为也许是很残酷的，因为只有这样才能把农民群众的革命威力压平下去，重新建立起阶级压迫的统治。但是旧的制度却一定不能再照样维持下去了，因为革命群众在斗争中所争得的东西不可能再全部失去，故这些革命群众的愿望与要求以及斗争后的既成结果一定会或多或少地反映到新的政权建立后的各方面的制度上，而这些制度总的说来对农民是比以前要有利的，不用说，这对埃及社会的向前发展也起了莫大的推动作用，这种结果完全现实地体现在中王国时代的各方面的变革和发展上。

四、中王国时期
（公元前二〇四〇—公元前一五七〇年）

中王国共包括七个王朝，即第十一王朝至第十七王朝。但实际上中王国时期包含有两个截然不同的阶段：外族——喜克沙苏人入侵以前是一个阶段，即第十一王朝至第十四王朝这一段时期；喜克沙苏人入侵后又是一个阶段，这个阶段包括第十五、十六王朝（喜克沙苏人建立的王朝）以及驱逐喜克沙苏人后的一个短暂的第十七王朝。自第十八王朝起即进入新王国时期了。

这里所谈到的中王国时期埃及历史上所发生的重要变革与发展主要是完成于中王国时期的前一个阶段。

在中王国时期，埃及的经济有着迅速的发展，首先是农业生产的全面发展。而农业生产所以能在这个时期有着飞跃的发展，主要是因为自中王国的开始时期在土地占有制度方面已发生了重要变革，变革的具体过程已不可知，但其结果则与古王国时期有着显著的差别。这时，土地在理论上虽仍属于法老所有，但实际上已为私人所占有了。其特征就在于土地已完全能由实际占有者彼此间进行自由买卖，而法老只是按规定收税而已。最初一般农民也都享有一小块土地。当然，在小生产基础之上，在土地自由买卖的条件下，大地主兼并土地的情形也就自然发生而成为一种普遍现象。为适应这种新的土地占有制度，一种新的税收制度产生了。在古王国时期，土地上的收益的大部分要缴纳给法老，当时税收制度很紊乱，其数量并没有一定的规定，这样一来，法老的征收量就可以跟着生产的发展而随时提高，而直接劳动者并不能从生产力的提高上丝毫改善自己的困苦地位，因而大大地限制了生产力的进一步发展。这时则已规定了一定数额的土地税，这对农业生产的发展有着很大的作用。因为，在最初虽然农民自己占有了一小块土地，但如果税收仍然是无限制的话，其结果和以前便无甚差别了，可是土地税固定后，农民有可能占有自己提高生产后的一部分成果了，因而大大提高了他们的生产兴趣。与农民生产积极性提高的同时，与农业生产有密切关系的水利工程不能不配合发展，所以在第十二王朝时（公元前一九九一—公元前一七七八年），又大规模地兴修了一些水利工程。这时在尼罗河下游的一片沼泽区内挖掘了一个极大的人工储水库，埃及人称之为米利（Meri）湖，由运河导引尼罗河水蓄入此湖。米利湖的兴建大大地保障和促进了埃及的农业生产的发展，因为在尼罗河水上涨以前即可放水进行播种了，从而延长了每年农作物的生长季节。同时，在尼罗河水退却后，则可利用湖中蓄存的水调剂河水，使农田在尼罗河水位很低甚至干枯时也能得到适量的灌溉。

无疑的，这些都是古王国末期农民起义之后的一个结果，是统治者在起义后不得不对农民进行巨大让步的结果。

随着农业生产的全面发展，国家的收入也大大增加了，所以中王国前一阶段的埃及国家具有着较古王国时期强大多倍的经济力量，这就是后来这一阶段中的王朝能够向外进行胜利征服的经济基础。

与经济制度发生重大变革的同时，中王国时期埃及的政治与社会上也出现了一个全新的局面。在社会上，那些在氏族社会晚期所出现的，在古王国全部时期中居于统治地位的一批统治阶级，作为一个阶级来看已完全居于失败地位。这些旧贵族的绝大多数都已丧失了其原有的政治上和社会上的地位，少数人虽还保留一些土地，在社会上还能维持较高地位，但在政治上已不再掌握实权，也就是说，这个阶级已经没有了政权。

中王国时期的政权形式与古王国时期有着显著的不同，与古王国时期地方上存在着许多小"法老"的情况相反，中王国时期的国家政权是高度集中于中央，即集中于法老一人身上。这种情况是与旧贵族阶层的完全被颠覆分不开的。旧的各地的州伯、教士都与土地发生着密切关系，他们不但在政治上代表法老统治一个地区的人民，同时他们还享有这一地区中的土地收益，因此他们有着充分地制造分裂的力量，农民起义摧毁了他们的经济基础，因而在中王国时期就不会再有这样的政权形式了。现在法老重新委任了一些新人来主持地方上的政务，委任一批新的教士来管理各地方的神庙。这些人只是受法老之命在政治上统治当地的人民，这一批我们可以称之为“官僚阶级”的政治上的新贵族，和土地占有并不发生任何关系。而这个时期中的土地，如前所述，大部是掌握在私人手中，所以也可以说，这种新的集权形式也是适应着变革之后的土地制度而来的，或者说这是反映着那批占有土地的私人地主的政治要求。随着中王国时期土地兼并的发展，这个政权就愈来愈代表着那些私人大地主的利益了。

随着政权的集中，中王国时期军队的组织成分与形式也有了新的变化，古王国时期只在作战时才临时征调农民来组成军队，在经济上控制着农民的各地地方势力也可随意征调，现在国家军队的主干则是职业军，职业军的成分有二种：军队的领导者都是新起的官僚阶级的子弟；一般的士兵除少数招募来的埃及人外，大部分是从埃及以南仍然停留在氏族社会阶段的黑人中雇佣来的。这支军队直接受命于法老，实际是法老个人的军队，他们不带有任何的地方性质，他们只对法老一人负责。这支新的军队的组成提高并巩固了法老的权力，成为了新的统一政权的有力保障，从而消除了古王国时期的内战现象。集中的国家的军事力量使埃及在这个时期有可能向外进行扩张。

从第十一王朝起，在国内这些新的变革完成之后，埃及开始了大规模的对外战争。在第十二王朝时曾征服了下列几个重要的地方：首先向东北征服了西乃(Sinai)半岛，并向东征服了努比亚(Nubia,

今英埃苏丹);其次又通过了西乃半岛向北侵入亚洲，占领了叙利亚，并以努比亚为根据地继续向南发展，侵入伊提欧匹亚（Aethiopia，今阿比西尼亚），但未能将此地征服。

在战争中掳获了大批俘虏，这些俘虏皆被变为奴隶。所以，战争不仅扩大了埃及统治阶级的剥削面，并且源源不绝地供应了奴隶的来源，因而使得中王国时期埃及国内的奴隶制度开始大盛起来。过去埃及农民的生活实际虽与奴隶无异，但在法律上具有奴隶身份的人并不多，现在这些大批的外国俘虏则都成为了名符其实的奴隶，奴隶数目的比重逐渐增加起来，这些奴隶有一部分被用在农业上，主要集中在为国家统治者所掌握的大农庄中。奴隶劳动在大农庄中的大量使用，对中王国时期农业生产的进一步发展起了一定的作用。

埃及向外扩张的结果又使它获得了丰富的矿产，如努比亚的金矿，西乃半岛的铜矿。这二个地方的矿产完全归法老私人所有，法老使用奴隶和自由人的强迫劳役来开采这些矿藏。矿产的增加促进了埃及与外地的交换关系的发展，因为金、银可以被直接用来和外地进行交换所需的货物。

埃及此时与地中海中部最大的商业中心——克里特岛维持着密切的商业关系。埃及主要是以其农产品和手工业产品交换克里特的锡。当时埃及和红海间的海上贸易往来也异常频繁，码头设在今苏伊士土腰地方，由法老直接管理，无论本国或外国的商船皆须向其进行纳缴。

关于手工业方面的情况，没有直接的材料可为根据，只笼统的知道在此时各种手工业都已发展起来。法律并规定了从事手工业的人都要向法老纳税。可见此时在手工业中存在有个人生产的手工业，而非全部是使用奴隶劳动的。另外，从商业的发达情况中也可推知手工业是大大地发展了。

由于手工业和商业发展的结果，出现了像当时埃及首都塔庇这样的都市—— 基本上与农业没有关系的工商业城市。塔庇城是世界上第一个有计划设计的都市，它是当时埃及全国的重要商业与手工业的中心—— 全国的大商人和外国商人皆集中于此。塔庇城是法老有计划地建设起来的，城内街道方方正正，法老的王宫座落在城市正中，四周围绕着许多高大的商业建筑。从形式上看，它颇具有现代都市的风格。这种类型的都市都是在短时期内奠定基础的，在当时之有可能这样作一方面固然表现出了当时埃及生产技术之发展，而更重要的则是因为法老有可能集中运用全国的经济力量来建立这个城市。

中王国时期的这些经济、军事、政治上的成就当然是在对劳动者进行残酷压榨之下来完成的。因此，随着时间的发展，阶级矛盾又逐渐尖锐，终于在公元前一七五〇年左右爆发了埃及历史上的第二次奴隶与农民的大暴动，这次起义的经过没有详细的记载，只知道暴动席卷了整个埃及，起义者抢劫了法老的仓库，撕毁了赋税册子，再没有人去缴纳捐税了。统治阶级中人大多被起义者杀死，饶幸逃脱性命的都流亡到国外去了。在阶级斗争猛烈进行的过程中，社会生产也不可避免地会暂时遭到破坏，这时全国的水利工程因无人管理都崩塌和拥塞了。

这次起义动摇了埃及王国的基础，在此之后，应当是会出现一个新的局面的，可是正当农民暴动后不久，社会生产尚未恢复，新局面尚未出现之际，亚洲来的一支游牧民族却乘机侵入了埃及。

埃及人称此外来的侵入者为喜克沙苏人（Hikshasu，希腊名为Hyksos）。喜克沙苏人来自叙利亚、巴勒斯坦一带，可能是一种闪人。喜克沙苏人具有较高度的作战技术，已知用马驾驭战车作战，埃及的步兵很难抵抗这些乘立的轻疾的马车上的外族战士的攻击，埃及人到此时为止还不知有马，在这些高昂的动物的冲进之下，不免心惊胆战，望风溃逃。

喜克沙苏人统治埃及约一百三十年，建立过两个王朝——第十五、十六王朝。因他们来自北方的势力，故其统治重心在三角洲，建都于哈瓦（Havar，希腊名称阿瓦利 Avaris）。对上埃及地方仍责成原来当地的埃及统治者治理，但每年须向其纳贡。

据当时埃及人的记载，喜克沙苏人的统治非常残暴，贡赋极重，因而引起埃及人民的长期反抗，在第十五与十六王朝时，埃及人民曾不断发动起义，企图推翻外族的统治。最后在公元前一五七〇年左右在塔庇城的势力领导下终于打败了喜克沙苏人。之后塔庇势力建立了第十七王朝。

第十七王朝不久即被推翻，塔庇地方的另一势力——塔庇王亚谋西（Ahmose 或 Amosis）建立了第十八王朝，将喜克沙苏人全部驱逐出埃及并迅速地统一了埃及全国。之后，第十八王朝更乘驱逐外族、统一全国之余威，发动了新的对外战争，建立起了一个较中王国时期规模更大、实力更强的帝国，是为埃及史上的帝国时代——新王国时期之开始。

五、帝国成立前之埃及文化

埃及文字的发展途径与巴比伦文字相似，也是从象形文字逐渐发展到拼音文字。在第一王朝时埃及已有了文字，第四王朝时发展成熟，字体很复杂，除有许多象形文字标示出个别的完整的单字外，还有二十四个象形文字具有独立字母的意义，以之拼写出各种单字，所以埃及文字是一种混合文字，共有七百多符号。

在数学方面，埃及纯粹采用十进位制。由于每年在尼罗河泛滥过后必须重新丈量田地的疆界，故埃及很早就发展了几何学。

埃及天文学的发展过程亦与巴比伦相似，但其天文学比巴比伦较早地削减了迷信色彩，而较具有科学性。埃及的历法最初亦经过由纯阴历进至阴阳合历这一阶段，而最后走向使用纯阳历。埃及是世界上最早使用纯阳历的国家，考古学家认为埃及最晚至中王国时候即已使用阳历了。埃及最先以太阳为准，依四季为年，又分一年为三百六十五天。将三百六十天合成为十二个月，每月三十天。每年年终最后的五天则不计入十二个月内，而算作岁除之期，在这五天内全国放假来庆祝。后此历法于公元前一世纪中期为罗马人学去，再传至欧洲，是即今日在全世界流行的公历的前身。

埃及的医学亦与巴比伦相同，分内科、外科与驱鬼科三种。

埃及古代的文学作品是今日发现最早的文学作品。公元前二千年左右埃及的诗、散文和小说在今日皆有发现。在其诗中除史诗外，还有类似短篇抒情诗的作品。其小说的内容有些纯是描写当时埃及人在红海和印度洋上航行的实际经验。一般小说就其主题来说则多是描写贵族生活的，并且是称赞和歌颂贵族生活的。

在埃及的宗教信仰中表现得最突出的一点就是“死后永生”信念的坚强。虽然自原始社会时代起，世界各民族都发展过死后永生的信仰，但最早集中强调这种信仰的是埃及。在埃及可以很明显地从两项事实上看出这种信念：其一是木乃伊（Mumiya）。埃及贵族用各种香料加盐来填充、涂抹尸体，使之干硬，即可保存永久而不腐朽。因他们认为尸体不朽是保障死后永生的必要条件之一。其二是金字塔。金字塔为法老和少数贵族的陵墓。他们把金字塔看作是其死后的家宅，因此在建造时也力求使之“永存不朽”。

今日在尼罗河畔遗存的比较完整的金字塔仍有七十多座，

其中最大者是第四王朝法老库富（Khufu）的金字塔。此塔高达一百四十六公尺，底层面积为二百三十公尺见方，周围长度约一公里。据今日建筑家之估计，建造此塔用石需约二百三十万方，每方石平均重两吨半，而其中暴露在塔外部，可以看到的最大的方石重达三十吨。希腊人曾依据埃及人的传说记载，库富法老当时建造此塔时曾动员了埃及全国的农民，轮流修建，费时三十年始完成。

金字塔的建造，一方面突出地反映了埃及人尤其是贵族对宗教迷信的强烈信仰，一方面也表现出了埃及古代巨大的人力、物力被法老和贵族们榨取、消耗的情况。但金字塔本身也说明了当时埃及的生产力已具有相当水平，否则提供这些人力、物力当是不可能的事。同时金字塔的建筑技术更是埃及劳动人民的智慧与创造力的集中表现。

在古王国时期，对这种死后永生的信念的强烈信仰只在法老和贵族中间表现得特别显著，而支配了他们的实际行动，但一般人民并不太注意此事。因当时一般人民不必说梦想修建金字塔和泡制木乃伊，即便是最经济的保存尸体的方法也无能力做到。死后永生的信仰对人民来说也仅是一种观念罢了。所以这种信念对他们本身的实际生活并无多大影响，除了因为实现贵族们的这种信仰而付出自己的大量的无偿劳动，以致使自己的实际生活更为痛苦以外。但到公元前二二〇〇年的农民大起义过后，社会上的大变革也反映到宗教上了。在中王国时期，随着人民的社会地位的初步提高，人民在宗教上的地位也提高了。只是到此时死后永生问题在人民中间才比较被注意起来，这时复杂琐碎的宗教迷信的理论简化了，不再像以前那样需要普通人民很难具备的保障死后永生的诸种条件了，保存尸体的方法也简单易行了。并且教士们也开始强调任何人死后都可得到永生这一说法，例如以前乌西黎（Osiris）—— 尼罗河神与农神被认为是每年死后又复生的，象征尼罗河河水退而又来，以及谷物之冬死春生。这个故事原本与人世没有关联，现在在这个故事中又增添入了新的内容，并将其影射到人身上，认为凡是崇信礼拜乌西黎神的人死后生命就有保障。对于一般人民说来这是很简单易行的事。同时爱西神（Isis）—— 土神，在神话中本为乌西黎之妻，现在也被附会成是帮助乌西黎神复生的，以及这二个神的儿子霍尔—— 鹰神也都被认为是能保障人死后生命的神。这样，就使得以前与广大群众比较“接近”的神都与这种死后永生的信念发生了关系，因此，人民和“死后永生”的这个信念也就日益“接近”，不再认为这是可望而不可即的事情了，于是在其实际生活中也可能考虑到这个问题了。在中王国时期，死后永生的信仰在人民中间开始受到了普遍的注意，以前只有少数人才能具有的宗教上的特权，现在也为一般人民所享受到了。这种信仰上的变化实际上是反映了当时人民社会地位已较古王国时期有所提高。

六、新王国——帝国时代的全盛时期（公元前一五七〇—公元前一二〇〇年）

在埃及史的分期上，新王国时期包括第十八王朝至第二十王朝，但实际上在这段时期中的埃及历史，如依其本质来分，则应分为二个阶段：公元前一二〇〇年以前为一阶段，即第十八、十九王朝时，是为埃及帝国的全盛时期；公元前一二〇〇年以后为一阶段，即二十王朝时（公元前一二〇〇—公元前一〇九〇年）—— 帝国衰败时期。

埃及帝国全盛时期的第十八、十九王朝的首都仍在塔庇。称新王国时期为帝国时代，是因为这个时期埃及对外进行了较中王国时期更大规模的战争，胜利地征服了许多地区并将这些地区直接置于埃及王国的统治之下，因此，在这个时期的埃及王国统治范围之内，便包括了许多不同的种族，以及许多在经济上本无必然联系的地区，而其所以能形成一个统一的形式，纯粹是靠埃及在这个时期中的强大武力来维系。

在第十八王朝创业王亚谋西一世（Ahmose I，公元前一五七〇—公元前一五四三年）在位时，埃及已自喜克沙苏人的统治下解放出来，并自喜克沙苏那里学会了用马拖车作战的技术。到图特米斯一世（Thothmes I，或称图特谋西 Thutmosis I）时开始向外进行大规模的扩张，向北征服了幼发拉底河的上游地方，向南征服了努比亚的全部地区，并侵入了伊提欧匹亚，但未得深入。在这时有二种因素使得埃及有需要并有可能向外进行扩张：其一，也是主要的，是由于此时埃及内部的稳定发展，喜克沙苏人被驱逐后，那种残暴的剥削解除了，因而使得埃及的社会生产有可能恢复起来并逐渐发展，埃及的统治阶级开始感到有必要和有力量来向外扩张。而在向外扩张的过程中大量的俘虏被变为奴隶，对埃及生产的发展又起了很大的推动作用，从而使得埃及更有力量来巩固自己对征服地区的统治，并继续向外发展。其二则是由于喜克沙苏人的统治，对埃及来说是第一次受到外族统治。外族残酷统治的经历使后来的埃及统治阶级意识到了巩固国防的重要性，而巩固国防能力的最好办法则是以攻为守。当然这并不能构成埃及对外征服的唯一理由，主要的仍是第一个因素，但这个因素至少能成为埃及统治阶级动员全国人民投入狂热的征服战争中的一个有力的口号。

图特米斯一世之后重要的为女皇哈特写朴素（Hatshepsut，公元前一五〇一—公元前一四八〇年）统治时期。埃及从原始社会发展向阶级社会的过程中，并没有经过父系社会阶段，而是在母系社会基础之上直接进入阶级社会的。女权统治转到男权统治则是国家出现以后才发生的。因此母系社会的痕迹在埃及古代社会中仍很显著。埃及女子地位比其他古国女子地位为高，家族之财产则是由女子来继承的，所以一般贵族多是兄妹为婚，以保障家族财产不致分散，特别是法老兄妹为婚的制度，在埃及一直维持到很晚才消失。因为当时统治国家的虽然是男性的法老，但其所以能居于最高地位，则由于他是神，而从理论上来讲，法老的神权则是应该由法老家族中的女子继承，故法老的神权系得自其王后，也就是其姐妹方面，到女王哈特写朴素之时不过是将这种理论与实际统一起来罢了。她自己掌握了实权，统治着国家。可是女皇却服男装并戴假须，从这件事情上可以看出此时男权在埃及社会上已经确立不移了，女皇的统治只是一个暂时的现象。

图特米斯三世（公元前一四八〇—公元前一四四七年）时埃及继续向外扩张，征服了爱琴海中的一部分岛屿及叙利亚一带，并变这些地区成为埃及帝国的一部分，派总督直接治理之。图斯米斯三世之向海上发展，证明了帝国时代商业之发展，而需要控制一个大的商业世界。

埃及在亚门后帖三世（Amenhotep Ⅲ，或称亚门诺飞三世Amenophis Ⅲ，公元前一四一一—公元前一三七五年）之时，达到了埃及帝国的黄金时代，在此时期中，埃及内部及其征服领土内的统治都很稳定。

亚门后帖四世（公元前一三七五—公元前一三五八年）在位时，埃及在政治、宗教上曾发生一次大变动。亚门后帖四世立意废去过去埃及全国最崇拜的太阳神亚门（Amen），而奉亚屯（Aton）神为帝国最高的大神，自己亦更名为伊赫那屯（Ikhanaton）。这是因为什么原因呢？这是因为亚门神本是塔庇地方的太阳神，虽然随塔庇城地位之日益重要而此神在宗教上的地位也日趋重要，以致成为埃及全国最高的大神，但在人民心目中，此神的地方色彩始终未能全部消除，因之也就妨害了具有全国权力的法老利用它来作为国家强有力的统一的象征。而亚屯神原为上埃及地方的落日神，过去它在神话故事中不占重要地位，可说是一个灰色的神。故而亚屯神与亚门神不同，在它身上既没有地方色彩，也没有内容丰富的也就是早已深入人心的固定化了的神话故事。因此当帝国极盛时代在位的亚门后帖四世欲想假借宗教措施以加强其对帝国的统治之时，亚屯神乃被选中作为帝国统一的象征，用以推行其世界帝国政策，使被征服地区的人民由信仰这个统一的神而致承认和服从于帝国的统一。为此目的，亚门后帖在埃及、叙利亚、努比亚三地为亚屯神建立了三个大神庙，并大肆宣传，将许多为人敬崇传说的神话故事都集中在此神身上，企图以亚屯神来完全代替亚门神过去的地位。

但亚门后帖四世的宗教改革却引起了以塔庇地方教士为中心的全国亚门神教士集团的强烈反对。亚门神教士的反对新宗教政策斗争的性质，一方面是因为亚门神地位的降低势必要促使亚门神教士社会和政治地位的下降，因而会丧失了他们的既得利益。但更严重的意义则是因为法老所以要推行这个宗教政策的目的主要是要加强帝国的统一之外，同时也是为了加强国内的统一，也就是要加强以法老为中心的中央政权的权力，而教士阶级过去是被委托分散在各地来统治人民的，在地方上他们可以独立地和人民发生直接接触，因而他们在地方上虽然没有经济实力，但他们的政治势力是相当雄厚的。现在中央政权之加强，将使他们完全附属于政府，也就是意味着教士们将丧失其在帝国中政治上的独立、半独立的地位，而完全沦为法老的附庸。因此，法老与教士势力集团在宗教问题上的斗争，实际上是原已存在着的中央与地方上政治势力矛盾的尖锐化，也就是帝国的中央政权为彻底消灭地方上的分裂势力的一个最后斗争。

最初亚门教士因为在政治上无力与亚门后帖四世进行直接的对抗，故只能利用人民的迷信、保守心理，提出一种“护教”的口号，鼓动各地人民出来反对法老的新措施。但由于帝国的专制政府实力强大，所以在亚门后帖四世在位期间反改革的企图并未能成功，“人民”的反对被压制了下去。因此，法老的新宗教政策得以在帝国范围之内推行了数十年。但法老与教士之间的斗争也继续了几十年，虽然教士的反对始终未能成功，可是法老也无法完全打垮教士的势力。

到亚门后帖四世死后，后继之法老又尚未成年之际，教士乃又乘机反攻，而取得了胜利。亚门后帖四世所建之亚屯神庙在此时皆被拆毁，亚门神又在帝国复辟了。故这一时期在埃及史上可说是一反动时期，地方势力又盖过了中央。同时，这些亚门教士又转而利用其逐渐恢复了的政治权势，尽量夺取土地，以巩固和提高自己的地位。当时以塔庇地方为中心的亚门神教士集团曾占有埃及全部可耕地的三分之一。而这些分裂势力在经济上的重新取得胜利必然会导向了帝国和统一国家的最后分裂，从而使上述的政治反动成为常态。故公元前一三〇〇年以后埃及的统一局面已无法维持下去，埃及国家开始衰败了。

帝国的衰败首先表现在对埃及以外地区统治的动摇上。公元前一三〇〇年后叙利亚人首先起来反抗埃及的统治。同时小亚细亚东部的势力—— 哈梯（Hatti）也强大起来，与埃及争夺对叙利亚的控制权，结果埃及在叙利亚的势力全部被哈梯逐出。

埃及对外统治之动摇，使得国内敌对阶级的矛盾加深了。当帝国之极盛时期，统治阶级为争取国内人民支持其对外的战争，曾在某种程度上减轻了对内的剥削。而加紧对国外被征服地区剥削与掠夺，以及由于这种大规模掠夺成功的结果，已使统治阶级奢侈成习，到此时，对外的剥削与掠夺既已不可能，而统治阶级仍要继续维持其奢侈生活，就不得不以加紧剥削国内人民来补偿了。在统治阶级加紧榨取国内人民之下，引起了公元前一二〇〇年顷的一次农民大暴动。

这次暴动的经过仍然不可详知。不过，从亚门神教士的那种分裂势力在这次暴动过后仍然稳定存在这一点上来看，这次暴动一定是很快地就被镇压了下去。因起义者首先打击的对象，应该就是这批当时在社会、政治上都居于优势统治地位的分裂势力，这个势力既然仍旧存在，就证明它的统治基础并未遭到应有的打击，那么，这一定是起义者在社会上还未曾能够形成一个强大的群众性的革命优势之前就被镇压下去了。因此，这次起义并未能发挥它在历史上所应起的积极作用，这个结果就是旧的制度原封不动的或更坏的继续。新的局面既不可能出现，旧的又已不可能再发展，相反的，国内原有的基础也遭到了严重的破坏，因此，埃及帝国的实力较起义以前已更为削弱，帝国受到了致命的打击。

公元前一二〇〇年是埃及史上的一个转折点，从此以后埃及始终未再强大，而且不断地受到外族的入侵和统治。并且从此以后，无论是埃及内部的短暂统一，或是由外族所建立起来的统一王朝，其统一的程度都是有限的。教士们的地方分裂势力在埃及始终占上风，而这种长期的政治上的分裂必然会导致埃及社会生产的全面衰退，因为埃及的生产活动是必须要依靠统一的政权来集中领导和控制的。

七、公元前一二〇〇年后之埃及

新王国时期最后的一个王朝是第二十王朝（公元前一二〇〇—公元前一〇九〇年）。这是一个在亚门神教士统治下的王朝，其首都仍在塔庇，这个王朝统治时期的埃及虽有统一之名已无统一之实。到第二十一王朝时（公元前一〇九〇—公元前九四五年）埃及便正式分裂了。此时实际上是塔庇地方的教士与另外一个地方势力争夺全国统治权之时，而并非是一个统一的王朝时期。

到第二十二王朝至第二十四王朝时（公元前九四五—公元前七一二年），埃及即处在外族统治之下。第二十二王朝（公元前九四五—公元前七四八年）是利比亚人所建立的王朝。利比亚人以三角洲地方为其势力重心，并曾南进占领了塔庇城。塔庇地方之亚门神教士被迫南退，在埃及南部，包括努比亚地方又建立起另一王朝。故此时实是一个外族王朝与一个埃及本国的王朝两个势力对峙之时。但在马尼陀的《埃及通史》中反承认利比亚人的王朝为正统。

第二十三、二十四王朝时（公元前七四八—公元前七一二年），是埃及内部大分裂与混乱之时。

第二十五王朝（公元前七一二—公元前六六三年）是伊提欧匹

亚人建立的王朝。伊提欧匹亚过去一向是埃及侵略的对象，但在埃及的文化影响之下，其内部的发展加速起来，而组成了国家。到此时乃开始强大，乘埃及内部混乱之际侵入了埃及，建立起第二十五王朝。伊提欧匹亚王朝建立后不久，又有亚述势力侵入了埃及。公元前六六八年亚述攻占了塔庇以北的地区，将其划为亚述帝国之一省。伊提欧匹亚王朝在此打击之下开始衰落。公元前六六三年亚述再度进攻埃及，打下了埃及首都塔庇城，并将塔庇城彻底破坏。埃及的统治者，不论是伊提欧匹亚人或是本地人，不是被杀死就是被俘往亚述。第二十五王朝至此被灭亡。

亚述派总督来治理埃及。总督撒穆提克（Psamtik，公元前六六三—公元前六〇九年）原为埃及人，在就任总督的当年（公元前六六三年）就推翻了亚述的统治，宣布独立，建立了第二十六王朝（公元前六六三—公元前五二五年），并开始与埃及境内之亚述驻军及投降亚述之埃及势力进行战争。至公元前六二五年始控制了整个的埃及。

此时埃及已与希腊发生了密切的商业关系，希腊人且成为了埃及雇佣军的骨干。撒穆提克统一埃及之时主要即依仗希腊雇佣军的力量，因此撒穆提克不得不给予了希腊人许多特权。当时希腊商人遍布于埃及北部的各个地区，并曾在尼罗河口附近地方建立起来了一些城市。从此时起，希腊人在埃及的经济生活中曾居于重要的支配的地位，尤其是在商业上。到了第二十六王朝涅库（Necho，公元前六〇九—公元前五九三年）法老时，希腊人几乎操纵了埃及的全部商业。涅库法老时代的一些突出的行动，在某种程度上不能不说是企图摆脱希腊人的控制，以谋求自己在商业上独立发展的行动。

涅库法老在位时曾挖掘从三角洲尖端至红海的运河，后因财力不逮，中途而废。后涅库又曾雇用腓尼基人出海航行，企图寻求一条沟通大海的新航路，结果腓尼基水手们费时三年环绕了非洲一周后回到埃及。但因限于当时的社会生产条件，这次古代航海史上的伟大结果并未能为当时人所利用，甚至并不为当时人所注意。此事仅见于希腊人之记载，而希腊人之所以记它也是因为据说这些腓尼基水手绕行非洲时，一日在中午时分忽然发现太阳悬于其正北面。当时人认为太阳在正北面是不可能的事，故希腊人把它作为荒诞不经之事记载了下来。而这点却正足以告诉后人腓尼基人的确曾成功地绕航了非洲。涅库又曾想收复为埃及帝国全盛时期所有而现在已丧失了的亚洲属土。在其即位的第一年（公元前六〇九年），即向东北发展，征服了犹太，控制犹太地方约四年；并继续向北发展，企图夺取在新巴比伦帝国势力控制下的叙利亚。公元前六〇五年埃及与新巴比伦帝国在叙利亚境内大战了一场，结果埃及大败，涅库的恢复埃及帝国的梦想破灭了。

由涅库在位时的这三项突出的行动上来看，这些行动显然是由于商业要求所引起的。开运河和绕航非洲自不待言，向外扩充也是为了要控制更广阔的商业市场，但因缺乏国内雄厚的生产上的基础，仅仅由于商业上的企图是不可能成功的。由于这些行动的失败，也就意味着涅库法老想摆脱希腊人的控制的斗争失败了。

因此，到第二十六王朝末王亚米斯（Aahmes，或亚马西 Amasis，公元前五六九—公元前五二五年）在位时开始直接限制希腊商人势力的发展，并减少埃及军队中的希腊雇佣军。可是这种限制希腊人势力的政策也未能成功，希腊人的势力并未因此而稍衰。当时在三角洲南部的挪克拉提城（Naukratis）等于是希腊的城，城中几乎没有埃及人，而此城却是当时埃及的商业中心。

第二十七王朝（公元前五二五—公元前四〇四年）时是波斯统治埃及的时期。公元前四百年以后波斯势力开始衰败，埃及人纷起反抗波斯之统治，此时在各地出现了许多埃及人建立的小王朝。它们对外反对波斯，但对内又彼此混战。它们对波斯的反抗皆未成功。第二十八、二十九和三十王朝不过是这些地方性的王朝中的一个而已。

公元前三二三年马其顿王亚历山大侵入了埃及，他利用当时埃及人与波斯人之间的矛盾，很快的就控制了埃及全国。在亚历山大在位时，埃及成为了亚历山大帝国的一部分。

亚历山大死后，帝国分裂，其部将托勒密（Ptolemaeus）占据了埃及。这个希腊的托勒密王朝（公元前三二三—公元前三〇年）被今日史家称为第三十一王朝。在这个希腊王朝统治埃及的三百年期间，希腊人的商业势力凭借政治势力之支持，在埃及更加顺利的发展下去，因而在埃及北部沿海地方及尼罗河沿岸的各个城市中希腊移民日益增加起来，城市乃渐希腊化，城市的埃及人逐渐接受了希腊的风习和语言。故到此王朝末期时候，城市中的埃及人实际已变为希腊人—— 希腊化的埃及人了。但这种希腊化的情况仅限于城市之内，在农村中则始终未曾希腊化，而仍保留着三千年来埃及固有的生活习俗和语言。

公元前三〇年希腊王朝为罗马所灭，埃及乃又沦为罗马帝国之一行省。罗马统治埃及的时间前后约七百年，在此期间埃及内部情况大致仍与以前相似。因罗马帝国东部之统治者多为希腊人，故埃及之希腊化仍然继续并逐渐侵入农村，但农村仍始终未全部希腊化。直到公元七世纪的中期，阿拉伯人征服了埃及后，埃及始完全丧失了古代文化的独立性，而完全成为了回教及阿拉伯世界的一部分。

第二章 埃及、巴比伦的边区殖民地与边外诸族

在古代东方世界中除上述的中国、印度、巴比伦与埃及四大古国外，在埃及与巴比伦之间及其周围地区还有许多种族建立的大大小小的国家。这些国家在古代世界历史发展的全部过程中占有相当重要的地位，关于这些国家的历史，今日还未能如埃及、巴比伦那样清楚地为人所知，而且其中有一些国家也只如昙花一现，存在的时间非常短促。但这些国家具有一个最基本的共同点，即这些地区的种族之进入阶级社会都是由于受到埃及或巴比伦文明的或多或少的影响所致。所以我们统称这些国家为“埃及、巴比伦的边区殖民地和边外诸族”。

所谓“埃及、巴比伦的边区殖民地”就是指埃及、巴比伦周围的那些原来发展比较落后的地区，当其还未有国家出现时，已为一

个大国——埃及或巴比伦所控制。而这些地区也正因得以接受了埃及或巴比伦的较高文化，开始比其自身发展更为迅速地建立起了国家。“埃及、巴比伦的边外诸族”则是指那些原来比较远离埃及、巴比伦地区的原始部族，由于他们间接地受到了两大国文化的影响，或是由于他们曾侵入两大国而与之发生了直接的接触，从而接受了两者之一的影响，使其历史发展加速，能够更快地进入了阶级社会。

这些地区又可分为三类：（一）全属埃及文化范围者；（二）全属巴比伦文化范围者；（三）兼属两大文化范围者。

综观这些地区和种族最初与埃及、巴比伦所发生的交往关系不外两种情况。一是和平交往，通过文化交流和商业来往双方发生了接触。在文化流方面，最初则是埃及、巴比伦对这些地区的单方面的输入。而相互间的通商关系—— 促使彼此间文化交流的重要手段之一—— 最初也并不是一种对等的交易，主要是由这些地区以原料和金银等矿产来交换两大国的手工业制成品。一是敌对关系，彼此间互相侵略和征服，而就在此过程中收到了文化影响的结果。

一、埃及文化的边区与边民

甲、克里特（Crete）

关于克里特的早期历史——原始社会时代的历史今日所知仍甚少。根据考古学家在此岛上发掘出来的一些公元前四〇〇〇年至公元前三〇〇〇年时期的新石器时代的器物，推断在此时克里特已与埃及发生了通商关系。根据在此岛上发掘出来的公元前三〇〇〇年以后各个时期的许多城市废墟和各种器物，可以看出公元前三〇〇〇年以后的克里特岛的历史完全是与埃及并行发展的，两者同盛同衰，同兴同败。就今日所能知道的两者在政治、经济关系上联系之密切这一点看来，其中似乎不是偶然的巧合。但因克里特的文字至今还无人能读，故此问题还不能贸然判断。

克里特是一个多山的海岛，除沿海地方地势比较平坦外，内地都是纵横交错着的小山脉，山间原谷也多是互相隔绝的，这样就造成了许多天然的小区域。虽然岛上可耕地很少，但在新石器时代晚期这里已有了农业。公元前三〇〇〇年左右时，岛上已出现了许多城市，这些城市可分为两类。一类是沿海城市，这是岛上航海与对外贸易的中心。一类是内地城市，这些城市多建在山上，其下有一小片平原，可以用来进行农业生产。但后一类城市在岛上的地位远不如前一类城市重要，因岛上很少平原，农产不丰，所以从很早时候起岛上人即以商业为其主要的经济活动，故海在其经济生活中占有极重要的地位。

在冬季至春季之间，克里特岛周围的风向无定，在当时航海技术条件下，人根本无法出海。但到夏季（很长，约半年），风向即很规则，故岛上人皆乘此时期大批出海活动。他们除与埃及通商外，并且向北到爱琴海上，与海上各岛屿及爱琴海沿岸各地进行贸易，向东与小亚细亚西部沿海岸地方及腓尼基的许多城市通商。在公元前三〇〇〇年以后克里特已逐渐成为了东地中海的最重要的商业中心之一。

考古学家曾在此岛上进行了较为彻底的发掘，发现了许多城市遗址、器物和文字。就所发现的文字形体来看，最少有三种不同的形式，可分之为早、中、晚三期。但无论是哪一期的文字现在还都不能认读，故只能根据地下发掘出的其他材料将克里特的历史分为三个阶段。

初期（公元前二九〇〇—公元前二一〇〇年）。这一时期岛上最重要的城市是菲斯陀（Phaistos），菲斯陀位于克里特岛南岸，为当时全岛之政治、经济中心。这一阶段正相当于埃及的古王国时代。

中期（公元前二一〇〇—公元前一六〇〇年）。此时岛上的势力重心已发生了变化，政治、经济中心转移到岛北岸的诺索斯城（Cnossos）。其时相当于埃及的中王国时代。

晚期（公元前一六〇〇—公元前一四〇〇年）。在中期之末全岛曾混乱了一个时期，岛上有被破坏的痕迹。但进至此时期后，诺索斯仍很强大，不但能控制和统一了全岛，而且在地中海上建立起了一个商业帝国。其势力范围向西达到了西西里岛，甚至意大利半岛南部也在其控制之下，向北发展到希腊半岛，半岛南部与中部皆为其所控制。当时希腊半岛中部的两个大城：迈其尼（Mycenae）与梯林斯（Tiryns）即为诺索斯所建，用以控制希腊半岛的商业。两城的建筑形式与同时期的克里特岛上的建筑完全相同。

从克里特岛上各个城市皆有大路直达诺索斯这一点上可以看出全岛的大小城邦皆已被诺索斯征服，受其控制，向其入贡。前一时期中的许多在经济上曾独立发展的城市，此时在经济上的独立地位都已消失，诺索斯一城包办了一切对外的种种复杂经济活动。在诺索斯城内外有许多规模很大的手工工场，其中最重要的是陶业和纺织业的工场。这些工场集中有大批奴隶在内工作，其成品的绝大部分是作为商品来输出的。在埃及、叙利亚、小亚细亚、希腊各地（甚至深入希腊以北的内地）与意大利的内地都曾发现有诺索斯的陶器与绒、布。

关于这一时期诺索斯对其商业帝国范围之内的控制情况，后来希腊曾有一个传说故事反映了这一时期克里特与希腊的关系，在这个传说故事中讲到公元前一五〇〇年左右（正是克里特最盛之时）诺索斯的王名弥挪（Minos），弥挪王的王后生了一个半人半牛的怪胎，弥挪王特为此半人半牛妖（Minotauros）修建了一座迷宫（Labyrinthos）。这时诺索斯已征服了雅典，弥挪王乃令雅典人每年贡献七对童男女来喂此妖物。后雅典王爱琴（Aegaios）之子提西阿（Theseus）长大了，武艺高强，自告奋勇要求将自己入贡往诺索斯，以便相机杀死妖物，为雅典人除害。他到诺索斯后结织了弥挪王的女儿雅丽阿德妮（Ariadne），两人彼此相爱，雅丽阿德妮给了他一团绒线，让他在进入迷宫时将线头结在门上，然后在杀死妖物后得依线循路走出迷宫。结果提西阿杀死了半人半牛妖，安然回返了雅典。

这座迷宫就是诺索斯的王宫，现在已被发掘出来，虽然这座建筑只余少许断墙残垣，但由其全部地基系统中还可看出这座宫殿路线的复杂情况的确很像迷宫。至于雅典每年向诺索斯入贡童男女来喂妖物则是一种象征的说法，它是根据公元前一六〇〇—公元前一四〇〇年间希腊半岛中南部皆为诺索斯所控制这一事实而编造出来的，由此可见当时诺索斯对希腊地方的控制一定是非常严厉和残酷的。而诺索斯城的真正下场，也正像故事中的结尾——提西阿杀死了怪物，重返雅典——所象征的，在公元前一四〇〇年左右，自希腊半岛上来的一批人（阿卡亚人）攻入了克里特岛，将全岛彻底破坏，诺索斯城亦未幸免。希腊人破坏克里特岛的痕迹，在发掘出的诺索斯和其他许多城的遗址上仍然清晰可见。

公元前一四〇〇年以后，克里特岛上的人除一部分被希腊人所杀死外，另一部分有组织地流亡到外地去。但也可以推想还有一部分当地人接受了希腊人的统治，而逐渐希腊化，成为了希腊人，到公元前一一〇〇年左右时，原来岛上的人可说已完全消灭，此后居住在岛上的人从其语言上、生活方式上看，都已是希腊人了。至此克里特岛已成为希腊之一部分。

乙、努比亚、伊提欧匹亚与利比亚

关于努比亚、伊提欧匹亚与利比亚这三个地区本身历史的具体发展情况我们完全不知道，关于他们，唯一所知的只是当他们与埃及发生了关系时所发生的事情。

努比亚在埃及第十二王朝时（公元前一九九一—公元前一七七八年）被征服，受到了埃及的直接统治，此后努比亚就与埃及有了长期的密切的政治、文化上的关系。许多埃及移民迁入其境内，使当地人大量地接受了埃及的文化，进入了阶级社会，但努比亚的边区地带始终发展得很缓慢。当埃及衰败之际，这个半埃及化的地区往往就脱离了埃及的羁绊，成为独立的国家，并且时常向北发展，侵入埃及，占领埃及边境的一部分地区。

伊提欧匹亚也是自埃及第十二王朝时起才开始不断遭受到埃及

的侵略，但因其地多山，距离埃及本土又较远，故埃及始终未能将其征服。但伊提欧匹亚却因此接触了埃及较高的文化和生产技术，促进了它本身的发展，迅速地建立起了国家。关于其上古时代的历史，我们唯一知道的一件具体事实就是在埃及衰败后，伊提欧匹亚人曾在短时期内征服并统治了埃及，即埃及第二十五王朝（公元前七一二—公元前六六三年）。

“利比亚”(Libya)是一希腊字，本意指除埃及以外的整个非洲，实即埃及以外的北非。到近代乃专用此字以称埃及西边的利比亚国。现在我们也仿照这种用法，专指近代利比亚国的古代区域。利比亚始终是一个游牧地区，人口很稀少。自埃及建立国之后，这个地区就与埃及有密切的政治上和军事上的关系，埃及经常雇佣当地人当兵，在埃及兴盛时又不断侵略它。利比亚人在埃及衰败时也不断侵入埃及边境，肆行抢掠，但他们始终未能征服全埃及，仅在短时期内占据了埃及的西北边疆的一部分，到埃及强大后再被埃及逐出。至于两者之间具体关系的全部过程今日尚不能知。

二、巴比伦文化之边区与边民

甲、印度欧罗巴人的迁徙

古代历史上在世界范围之内曾前后发生了三次游牧民族由草原地带向农业人口地区的大迁徙。其中第一次的大迁徙发生在公元前二〇〇〇年左右，当第一次大迁徙的潮流还未过去，第二次的公元前一六〇〇年左右的大迁徙就又开始活动起来。此后到古代末期，公元三四百年间又有第三次的大迁徙。在这些进行迁徙的游牧民族中，主要是以所谓“印度欧罗巴”族为主，尤其是第一次迁徙，完全是印度欧罗巴人的活动，只是在后两次迁徙中才夹杂着其他种族的游牧民族。古代史上这三次游牧民族的大迁徙对古代世界农业人口的土著地带——奴隶制国家的历史发展发生了关键性的作用。在最初，它们所发生的作用都是破坏性的。在西方，第一次、第二次的迁徙先后破坏了两个大帝国——巴比伦与埃及。这两个大帝国的衰败、混乱，以至于古巴比伦帝国的最后灭亡，固然有其内在原因，但这些外来游牧民族给予他们的长期而剧烈的打击也是其覆亡的很重要的和最后的原因。此外，第一次或第二次的迁徙也曾影响了中国，曾在古代中国史书中出现的大月氏人实即此次迁徙的印度欧罗巴人的一支，他们已达到了中国的边疆，但被中国挡住，未得进入中国内部。公元三四百年间的游牧民族的第三次迁移，破坏了罗马帝国，同时又直接影响到了中国。因为其中的几支游牧民族曾深入中国内部，即中国史上所谓的“五胡乱华”，中国的一部分地区受到了这些游牧民族的严重破坏，只是这些游牧民族并未能像他们在罗马帝国内部所作为的那样，毁灭掉中国原有的政治和文化的基础。虽然中国在文化、语言和风习上曾受到了他们的很大影响，但始终未被其彻底改变，所以不久中国即在旧有的文化基础上，吸收了外来的新血液，重新恢复了自己的强大与安定。这是中国与西方古代各国历史发展的不同点。

公元前二〇〇〇年左右开始第一次大迁徙的印度欧罗巴人并不是一个统一的种族集团，这个名称的来源是因为十九世纪欧洲历史学家由于这些迁徙的部落与部族在其以后的历史发展过程中属于同一大的语言系统，故以为他们原来就是一个统一的种族集团，因而统称他们为“印度欧罗巴”人。今日我们仍用“印度欧罗巴”这个名称来统称这些从亚欧大草原地带向外迁移的许多游牧部族，主要是把他们看作为一个语言的集团，而不是把他们当作一个统一的血统种族集团。因为在迁移以前，最原始的印度欧罗巴人究竟是什么人现在已无从知道。当他们尚在亚欧大草原上活动之时，曾席卷了许多生活方式与之相同的不同种的部族，这些人后来都被其同化了，所以印度欧罗巴人的血统非常复杂，当其出现在历史舞台上时，早已不是原来种族的面目了。

这些自公元前二〇〇〇年左右开始同时自亚欧大草原向外迁徙的印度欧罗巴人，其最初的根据地究竟在哪里？近百年来关于这个问题曾有种种的说法，最后一般的判断趋向，认为其根据地当在里海以东以北地方。这一结论主要是从研究最早的印度欧罗巴人早期梵文的字汇中得出来的。从早期梵文的字汇中可以看出印度欧罗巴人最初居住生活的地方一定是在一个气候比较温和的草原地带，但在气候比较温和的自然条件下，季节的变化却又很显著。这个地方最多的树木是柳树和赤杨，而没有鱼和任何热带动物。旧大陆上合乎以上几个条件的，只有一个地方，即里海以东以北的地方。

当时他们主要靠游牧和畜牧为主，几年中小规模地移动一次。他们也已有了初步的农业，但因草原地带不利于农业生产，故农业很不重要。但特别值得注意的是他们当时已知用牛耕田，并用牛来拉车。同时他们又是最早会用马来作战的民族。

在公元前二〇〇〇年前后，每一次开始向外迁徙的印度欧罗巴人，其活动的范围非常广。其中最早向外发展的一支就是雅利安人，他们大约在公元前二三〇〇年时已开始向外活动了。雅利安人首先向东南发展，进入中国史书上所谓“大夏”的地方（今阿富汗及伊朗东部之一部分），在此停留了数百年后，到公元前一五〇〇年左右又开始移动，分两支向外发展。一支向西进入了伊朗高原，后在此建立了玛代国和波斯国。另一支越过了印度高加索山（Caucasus lndicus，今印度库施山），更南下进入印度河流域，征服了当地的土著—— 达罗毗荼人，在印度建立起了雅利安人的国家。

继雅利安之后，在公元前二〇〇〇年前后又有大批的印度欧罗巴人向外迁徙，其中有一部分人向西进入后日俄罗斯南部及东南欧地区。一部分人则东去进入了中央亚细亚，甚至到达了中国的西部边疆，大月氏人可能就是其中之一支，而大部分人是向南发展的。他们进入巴比伦范围之内或其边疆地带，都与巴比伦发生了直接或间接的关系。

在这些向南发展与巴比伦发生了关系的印度欧罗巴人中，最重要的又有三个部族，即哈梯（Hatti）、卡西（Kassi）和胡里（Hurri）—— 包括邬拉图（Urartu）。而上述雅利安人中在公元前一五〇〇年左右西迁入伊朗高原的一支，后来亦与巴比伦发生了接触。

乙、巴比伦文化范围内之印度欧罗巴人

最早与巴比伦发生关系的印度欧罗巴人是胡里人。在公元前一八〇〇年左右，胡里人已征服了两河流域上游地方的弥坦尼人（Mitanni），占据了这块地方以及叙利亚北部地区，建立起胡里人的国家。两河流域上游地方和叙利亚一向是巴比伦文化的边区，并且巴比伦强大时也曾间或在政治上控制过这两个地区，故胡里人

在此建国后，在文化、生活习俗方面都接受了巴比伦的影响。胡里的首都建在幼发拉底河上游的卡其米施（Cachemish），此地恰是当时两河流域地方与叙利亚交通必经之要道，因胡里为一商业国家，故特于此地建都。其国家的最重要财政收入来源即依赖商业税之收入。农业、手工业在其国内经济生活中并不占重要地位。

胡里人除与最早的一些印度欧罗巴人一样，知道以马拖车作战的技术外，在其建国之后又逐渐发展了一种新的技术，即骑马。就今日所知之材料看，世界上最早会骑马的人就是胡里人。关于胡里人的历史，今日所知极少，只知它曾征服了两河上游地方的哈梯与亚述。公元前一五〇〇—公元前一四五〇年间为胡里帝国之极盛时期，此后即开始衰败，公元前一四〇〇年为哈梯人所征服。

继胡里人之后，卡西人亦自北方进入两河流域下游地方。他们最初和巴比伦的关系是受雇于巴比伦帝国为其佣军，之后进入巴比伦的卡西人日益增多，声势渐大，终而征服了巴比伦。卡西人在公元前一七四〇—公元前一一六四年间统治了巴比伦地方，成立了卡西帝国，但因其无多少文字记载传下，故其统治详情今尚不知。

哈梯人在公元前一八〇〇年左右开始自草原地带向外发展，最初是向西移动，到了东南欧一带，后又折回到小亚细亚，最后集中在小亚细亚的东部。此后他们即屡次向南发展，侵掠巴比伦与叙利亚一带。公元前一六〇〇年以后为胡里人所征服。但到胡里人势衰后，哈梯势力又转强盛。公元前一四〇〇年哈梯不但推翻了胡里的统治恢复了独立，并且还征服和统治了原来胡里的全部地方。

哈梯在其名王苏毕鲁黎巫马（Shubbiluliuma，公元前一三八五一公元前一三四五年）在位时，不但完全征服了胡里人，并且向西发展，征服了小亚细亚中部地方，开始建都于哈图沙施（Hattushash，在今土耳其首都安哥拉以东）。其后诸王更向南发展，夺取了原属于埃及的全部叙利亚地方。哈梯王在各征服地区广置藩属，派其子侄及族人为王以统治之。哈梯帝国最强大时势力曾及于小亚细亚西部直至爱琴海沿岸。

哈梯帝国的主要敌国有二：一是埃及，自公元前一四〇〇年以后哈梯即与之争夺对叙利亚之统治权；一是亚述，哈梯与之争夺胡里人之旧地。此三大国之间的关系非常复杂，分合无定。至公元前十三世纪初，哈梯与埃及之间曾发生了历史上最早的一次大国之间的复杂外交关系，而这个关系的重心和优势又是在哈梯这一边的。公元前一二七一年哈梯王与埃及王缔结了一项攻守同盟条约。条约内容主要有三点：（一）互相尊重对方领土之完整。（二）签约国的任何一方受到第三者的攻击时，另一国应立即出兵协助其抵抗。（三）如果签约国之一方内部发生了叛乱，经其要求，另一国也须出兵协助平乱。从这项条约的内容上我们可以看出，第一点的规定实际是等于埃及放弃了夺回叙利亚的企图。第二点的规定是哈梯联合埃及共同对付亚述的。而第三点规定，就当时的政治局面推想，可能是埃及单方面对哈梯要求的条件。因公元前一三〇〇年以后埃及内部即非常紊乱，所以埃及统治者企图借用外族力量来镇压其国内人民的反抗。当时哈梯除与埃及组成联合阵线以对付亚述外，并且还与卡西人统治下的巴比伦勾结，暗中鼓励巴比伦自背后攻击亚述。由以上种种情况可以看出，当时国际上的矛盾关系主要是操纵在哈梯手中。

但到公元前一二五〇年左右自哈梯西北方又有一批新的印度欧罗巴人进入了哈梯境内，给予了哈梯以致命的打击，其经过情形已不可知，只知在公元前一二〇〇年左右时哈梯即被灭亡。哈梯人大部被杀或被奴役，只一部分人得以向东北逃亡，退却到亚美尼亚地方，成为后日亚美尼亚人的一个组成部分。

在这个历史阶段中的哈梯人对人类文化的发展曾作出了极其重要的贡献，那就是冶金技术方面的贡献。他们不但是西方世界中最早制出最坚锐的青铜器的人，并且就今日所知的材料讲，他们还是世界上最早用铁来制作兵器的人。结合这个问题，我们顺便在这里谈一下铁器的使用以及铁器在人类社会发展过程中所起的作用问题。

人类很早就知道了金属这种物质，甚至可以说从人类开始用火以后就已有可能见到金属这种物质。因为石器时代的人类往往要利用火来烤弯木柄和烧裂石块以制造石制工具，在烧炼石块之时，其中有某些石头（矿苗）在经久的火烧之后就会变成流质，冷却后即改变了形状，而为人类所发现。但这时人类之发现金属只是一种偶然的无意识的发现，并且是极少量的，因此人在这个时期中还不可能利用这种金属。所以金属对人类发生重大影响的时候不是当它被发现，而一定是要当它已被制成生产工具并已能为人类较普遍使用的时候，而能达到这样一个阶段，则必须具有这样的条件，即金属在此时已能较大量的出产。而较大量的出产则不可能依靠人类偶然地和无意识地发现，必须是有计划、有意识地来生产才可以。而人类要想有意识地大量生产金属并将之制作成工具又首先要解决一个问题，即能有意识地控制能使矿石熔化的高度火力，只有到了这个时候，冶金技术才能成为一种专门的技术而出现，从而给人类创造了使用金属工具必需的前提条件。

由此可见，在原始和古代社会中对人类社会发展发生重大影响的是冶金技术的不断提高，而不是金属本身的被发现。金属的被发现可能是很早的，并且有些金属也可能是同时被发现的，如最重要的两种金属，铜和铁。但在人类使用金属的过程中，最早使用金属只能是在新石器时代晚期之时，即人类的生产能力已提高到能够有意识地控制某种金属的熔化火力的时候，而其过程则必然又是先普遍使用铜，而后再普遍使用铁。这个问题的关键就在于铜和铁的熔点不同上。人类最初所知道的几种主要金属的熔点如下：

银 960.5°　金 1063°　红铜 1083°　生铁 1150°—1250°　钢铁 1400°—1500°　熟铁 1500°(青铜的熔点则高于红铜,低于生铁)。

在这里面金和银的熔点最低，但金银的矿苗太少，并且它们的性能不适宜制作工具和武器，所以古代人只用它来作装饰品。除此以外，则以红铜的熔点最低，熟铁的熔点最高，如果人类在控制火力高度的能力方面必然是由低向高发展的话，那么人类只能最早使用红铜，而最后才使用熟铁。

到新石器时代晚期，人类偶然地发现了一些熔点最低的较纯的铜矿苗，在把它们当作石头敲打时并不像一般石头那样会破裂，反而可以把它随心所欲地敲打成为一件器物，这样就出现了最早的红铜器。但这种铜器质不纯，无甚实用价值。之后再进一步，人始掌握了真正的冶铜技术，将铜矿中所含有的杂质去除，使之变成纯铜。人类最早正式开始冶铜是在公元前四〇〇〇年左右，据今日所确知的，当时世界上有两个冶铜的中心，即两河流域与尼罗河流域（中国可能与之同时或稍晚）。公元前三五〇〇年以后，红铜器就在这两个地方被普遍使用了。

铜器的使用则又是到青铜器时期对人类的功用始形重要起来的。因红铜软而脆，易弯易碎，故其使用范围有限。而青铜却既硬又坚，可以做出很薄很利的刃。青铜器最早使用，据今日所知，也是在巴比伦与埃及这两个地方，但两者之中究竟何者最先使用尚不能知，就今日所发现之材料看，似乎巴比伦较早，但两地皆在公元前二四〇〇年左右开始普遍使用青铜。

人类知道“铁”这种金属是很早的，可以说在人类知道铜的时候就已经知道了铁。考古学家曾发掘出一些最早的铁，其存在年代约为公元前四〇〇〇年至公元前三〇〇〇年。经化验后知道这些铁是陨石铁，因陨石铁与地下的铁矿不同，它包含有某些普通铁所没有的特殊的物质，特别是镍和钴，一般的铁矿虽然有时也包含有这两种物质，但绝对没有纯钴，地球上唯一自然存在的钴就是陨石中的钴。也就是由于这点才使我们知道了最早的铁的来源。由于最早的铁是从天上掉落下来的，故古代的许多民族都称铁为“天降金属”，认为铁是神物，常将小块的铁镶嵌在刀剑上作为装饰品，相信这块神铁能起一种保障他们生命安全的作用。此外在这个时期内的非陨石的小铁器也发现了一二件，这就是上面所说的那种当人类在偶然和无意识中发现已烧化了的铁矿石后，趁其还比较温软时即敲打之成为一种器物的铁器，这种器物都是很小很粗糙的。

如上所述，人类要想普遍使用铁器则必须首先解决铁矿的熔点火力问题，同时不但要能解决生铁的熔点火力，而且更重要的是要能解决熟铁的熔点火力问题，因为生铁非常脆，很容易折断，只能作一些较粗笨的器物，其用途远不如青铜广泛，而其熔点却比青铜高。人类能用铁器来代替青铜器则是能够大量制造熟铁工具以后的事。

当然，人既能控制了冶炼青铜的火力，在不久时间之后冶炼生铁，甚至在某种情况下冶炼少量的熟铁是有可能的事。如埃及很早就有铁匠，可能在公元前一五〇〇年前后埃及人就已有粗糙的生铁和熟铁的工具与石制和铜制的工具并用了。但它在此时绝对不能代替青铜，其原因当然是首先因为生铁的功用远不如青铜，少量的熟铁虽能冶炼，但在技术操作上是非常困难的，还无大量生产的可能。再加以古代人对铁的迷信看法，如最早的一些熟铁器多是用来祭神的，公元前一五〇〇年以前埃及教士就用铁器来祭神了，这种心理也妨碍了人们对普遍使用铁器的要求。所以这些最早出现的粗糙的铁器，只是被人当作一种比青铜器便宜的代用品罢了。此时它在人类的社会生活中并未像红铜和青铜的出现那样发生了重大影响。

铁器之在人类社会生活中发生重大作用，并日渐取青铜的地位而代之，则是自公元前一四〇〇年左右哈梯人高度发展了冶铁技术，能够控制了强度的火力，从而开始大规模的冶炼熟铁之后的事。从此时起，武器以外的一切工具都有可能开始用铁制造了。又过了二百年后，哈梯人已完全掌握了冶铁技术，冶炼出了精良的熟铁，用以制作兵器，至此铁始可能代替青铜。哈梯人之所以能是上古世界中最早真正将铁应用在作战与农业上的人，固然有其物质条件，因其所在地的小亚细亚东部直到亚美尼亚地方皆富有铁矿，但更重要的是哈梯人能够最早的控制了能够冶炼熟铁的高度火力并发展了冶铁的技术。这是哈梯人对人类的巨大贡献。

哈梯亡后，其技术传播至各地。至公元前一一〇〇年前后，西亚一带、小亚细亚及希腊等地都有了铁制农具，但农具本身大部分是生铁制成的，只在尖刃地方用熟铁。兵器则已开始全部用熟铁制造。世界其他地区在此时则还未用铁，埃及亦然。这可能是因为埃及当地缺乏铁矿所致，故其地虽早在公元前一五〇〇年以前已知冶铁，但大规模用铁却是公元前八〇〇年以后的事，它是西方大规模用铁最晚的地区。

由上述铁器使用的规律来看，中国也一定和其他地区一样很早就知道用铁了。中国最早有关铁的文字记载是《左传》中讲到晋国铸铁鼎（公元前六世纪时）。根据最近地下发掘的材料看，比较大量的用铁则是在战国时代。不过战国时代中国还不能冶炼较精良的熟铁，多是铸铁（生铁）。故铁在当时主要是用来制作农具，而一般兵器还都是用青铜制作，仅间或有几把为个别王公将帅特制的铁剑或其他兵器。中国之大量使用铁兵器是在西汉以后。

铁器在历史上究竟占有什么样地位呢？在社会发展过程中，工具发展的步骤是从木石工具到铜工具再到铁工具。但如就农具讲，则是从木石农具到铁农具，基本上没有一个铜农具的阶段。红铜农具可以说是绝对没有的，因红铜既贵又不坚利。在个别铜矿较多的地方，虽或有用青铜制作的农具，但这种农具的量极少，而且都是很小的。故历史上所谓的“铜器时代”特别是“青铜器时代”在铜的使用上首先是兵器，其次是用在为生产铜所必需的工具和其他为手工业所需要的工具上，再次则是用在专为统治阶级享受用的器皿上。然而，自铜器出现后，尤其是青铜器出现后，农具的制作上却开始有了极大的变化，因为此时农具本身虽不是铜制的，但由于制作木石农具的工具已经是铜制的了，因而使农具在量上大大增加，在质上也有了很大的提高，同时相对地农具的价格却降低了，一般农民都可以有较多的农具了，这就促使了人类社会生产力的大大提高。所以铜器的出现，对人类由原始社会发展向阶级社会过程中起着决定性的作用。只有当铜器出现后，社会生产力才能提高到使人在生产过程中有了剩余生产物，从而提供了人剥削人的可能条件，故而它是原始社会转向奴隶社会的关键。

至于铁器的使用，就今日所知，它在世界上任何地区对人类社会发展所起的作用还未能发生与铜的使用相等的作用，未能使社会性质发生质的变化。铁器在很长时期内都是与铜器并用的，可见最初它并未发生任何独立作用，甚至最初无论生铁或熟铁在其使用价值上都不如青铜，只有到熟铁的产量已相当多，而且质量已达到了一定的水平时，铁始在生产上发生了作用。但其在青铜的基础上所促进的生产力提高的程度，相对地说来还是有限的，并不能使社会发生质的变化。故铁器的出现可以在奴隶社会，也可以在封建社会，当然我们也不否认铁器在长期封建社会发展过程中随着冶铁技术的改进，不断地提高了社会生产力，以致使得资本主义生产关系的出现成为可能。尤其是当资本主义生产关系发展到了一定程度，而机器生产出现时，铁不但在数量上开始空前大规模地被应用，并且在质量上也空前提高，从而给资本主义生产技术的革命——工业革命造成了物质基础。此后铁的用途再不是铜所能代替的了。

巴比伦文化范围内的印度欧罗巴人国家，除上述的三个外，还有郛拉图。“郛拉图”之名最早见于公元前一二七〇年左右时亚述人的记载。亚述人所称的“郛拉图”（Uruatri 或 Urartu）是指为某一种族人所聚居的高加索山南部与樊（Vana）湖之间的一块地方（包括今亚美尼亚和小亚细亚东北、伊朗西北部的一角）。最初的郛拉图人可能是与胡里人同种的。郛拉图在公元前九世纪时开始强大，建都于樊湖东岸之突施帕（Tushpa，今土耳其东部之樊城）。关于这个国家的历史情况今日所知极少。苏联考古学家最近在此地发现了许多器物，但文字记载很少，且不能读。只知后来此国在公元前六一二年时为玛代所灭。其后又有扶利迦人、哈梯人等迁入此地。到上古晚期此地开始被称为亚美尼亚（Armenia）。扶利迦人与哈梯人都是讲印度欧罗巴语的种族，他们的语言与当地各种族的语言逐渐混合而成为今日之亚美尼亚语。

丙、公元前一六〇〇年后之新边民

公元前一六〇〇年左右，古代史上第二次游牧民族的大迁徙开始了。这次迁徙与前次不同，前次迁徙的游牧民族完全是印度欧罗巴人，迁徙的方向主要是从里海东、北部向南向东发展。这次迁徙的游牧民族则是两种人。其一仍是从里海向南迁的印度欧罗巴人。另一种则是从阿拉伯沙漠地方向北迁的闪人。这两种人后来都进入了原来为埃及或巴比伦所直接或间接控制的大世界中。

其中北向南迁徙的印度欧罗巴人主要是三种人：阿卡亚人（Achaios Achaius）、铎利亚人（Dorieis Dorieus）与扶利迦人（Phrygios）。

阿卡亚人在公元前一六〇〇年后不久即进入希腊半岛。到公元前一四〇〇年以前他们已驱逐了半岛上克里特的势力，并在征服半岛中南部的许多原为克里特人所控制的城市过程中，接受了当地的文化，建立起了国家。原来克里特人所建立的大城迈其尼此时变成了阿卡亚人的政治、经济中心。阿卡亚人的势力日益昌盛起采，在公元前一四〇〇年左右且渡海到克里特岛上，灭亡了克里特。公元前一四〇〇年至公元前一二〇〇年间为阿卡亚人的全盛时代，希腊历史上称这一时期为迈其尼时代。

公元前一一九四年至公元前一一八四年间，阿卡亚人在迈其尼城领导之下曾渡海侵入小亚细亚，灭掉了小亚细亚西北角上的特娄亚城。当时特娄亚城即是与阿卡亚人同时迁徙的扶利迦人之一支所建立的国家。他们在公元前一五〇〇年左右时穿过小亚细亚，定居于赫列斯滂沱（Hellespontos）之口，建立起了国家。根据考古发现，知道特娄亚是迈其尼的商业劲敌。特娄亚城是当时小亚细亚的陶业中心，而迈其尼此时亦以制造陶器出名，两者在地中海范围内的陶业上竞争得非常激烈，所以这次以迈其尼城为首的阿卡亚人之攻击特娄亚的战争，其根本原因就是由于商业上的竞争所引起的。但此时这次战争的经过成为了久远流传于阿卡亚人社会的一个传说故事，当然在其流传过程中，又不可避免地被增添进去了许多传说故事所特有的浪漫和英雄色彩，最后这个故事仍形成为荷马史诗之一的《伊利亚》（Ilias）。十九世纪七十年代初考古学家曾根据史诗所流传的事实，在特娄亚城所在地进行发掘，结果在这里掘出了几层城市，其中之一城按其存在之年代及其被破坏的情况来看，显然就是史诗中的特娄亚城。

铎利亚人开始向外迁徙后，首先进入了多瑙河流域，在此停留不久后又向南发展到提撒利亚（Thessalia），最后到了丕娄波尼索半岛。此后有一时期又自丕娄波尼索半岛渡海，集中于克里特岛。铎利亚人与阿卡亚人在语言上本很接近，后来历史上所谓的希腊文化就是这两种人与更晚进入希腊半岛的印度欧罗巴人部族共同建立起来的。

扶利迦人则系由黑海西部一带进入到了爱琴海北岸地方，公元前一二〇〇年左右又东渡到了小亚细亚，活动了一个时期后集中在小亚西北部，后更侵入小亚中部哈梯境内，颠覆了哈梯帝国，并取哈梯的地位而代之。公元前一〇〇〇—公元前七〇〇年间为其势力最强时期。它的强盛不但由于其政治和军事上的优势，而且还由于它在经济上的富足，因为它是当时黑海与爱琴海间商业贸易的中心站，在商业上获利极厚。传说其王储藏有无数之金银财宝。在希腊传说中即有一关于扶利迦之迷闼（Midas）王点石成金的故事，这一传说反映了扶利迦之富庶。迷闼王之名后果被发现于亚述王沙鲁金二世之石刻中。迷闼王活动时期约在公元前七五〇年左右，此时正是扶利迦人最盛之时。公元前七世纪时此国开始衰败，公元前五六〇年前后为利底亚人所灭。

早在游牧民族第二次大迁徙之前小亚细亚地方已有许多土著部族定居，这些土著部族究系何时迁至小亚细亚的，已不可知。公元前一六〇〇年后迁徙的印度欧罗巴人与闪人在其向外发展的过程中都曾和这些土著部族发生过一些接触。现将今日所知的几个小亚细亚的土著部族分述如下。

利底亚（Lydia），原集中于小亚细亚的西南部。关于他们的早期历史可说完全不知道，其有国家后的历史将附于波斯帝国一节中讲授。

卡利亚（Caria）与利其亚（Lycia），为小亚细亚南部沿地中海岸地方之部族，其历史今尚不知。

匹利士提（Philistinus），我们最早是从犹太人的传说中知道这种人的，“匹利士提”就是犹太人称呼他们的名字。这种人原居住在小亚细亚南部，他们很擅长航海，曾自小亚细亚航往埃及沿岸，甚至上溯尼罗河进入埃及内地进行抢劫和骚扰，不过未曾占领过埃及的土地。他们还曾东航至叙利亚南部活动，曾长期占领了当时希伯来人（后之犹太人）所居住的叙利亚南部地方。故中古时，人们乃用“巴勒斯坦”（Palaestina，匹利士提之拉丁文名称）称此地，直至今日仍如此沿用。

自南方阿拉伯沙漠地带向北迁徙之闪人中最重要的一批是亚兰米人（Aram Ahlame）。亚兰米人在公元前一五〇〇年时开始向北发展，首先到达了幼发拉底河中部地方，之后逐渐沿河向西发展，在公元前一四〇〇年左右以后开始占领了叙利亚北部。到公元前一三五〇年左右亚兰米人已据有了自卡其米施城直到巴比伦城之间的一大块地方，亦即占领了叙利亚北部及巴比伦之大部地区。但因他们在此时仍处于氏族和部族状态之中，故这片地区在其占领之时并不是统一的，而是由各个氏族或部族分别控制着一小块土地。直到公元前十二世纪时，亚兰米人始在叙利亚北部建立了若干以一个大城市为中心的小国家，其中最重要的是卡牒施（Kadesh）、大马士革（Darmasuk Darmascus）与哈列普（Khalep Aleppo）三城。

其他向北迁徙的闪人还有希伯来人（Habiru Hibhri）、腓尼基人（Phoenike Poeni）。这两种人最初的活动地区仅限于叙利亚的南部。（关于这两种人的历史将在以后几节中讲述。）

丁、亚述与亚述帝国
（公元前一四〇〇—公元前六〇九年）

亚述（Ashur Asshur）也是一种闪人，但他们不是公元前一六〇〇年前后向外发展的那批闪人中的一支，他们很早就已自阿拉伯沙漠地带进入两河流域上游地方定居下来，并在巴比伦文化影响下建立了国家。与上述几种闪人向北迁徙之同时，亚述也开始强大起来，在历史上成为了巴比伦文化范围内的第一个重要与强大的国家。

亚述人在公元前二〇〇〇年间已相当彻底地汲取了巴比伦的高度文化，接受了巴比伦的楔形字母，创造出了自己的文字，并在学习巴比伦的各种生产技术基础上提高了当地的生产水平。公元前二〇〇〇年时他们已有了较大规模的商业活动。此时亚述人已不仅只是自巴比伦输入商品，同时自己也制造商品向外输出。不过亚述地方在此时还不是统一的，而是许多城邦国家并立的局面。在这些城邦国家中较重要的一个城即是亚述。

亚述城位于底格里斯河西岸，经此城向西可与小亚细亚地方交通，向东南可直接与巴比伦通商，向西南通过幼发拉底河则可与叙利亚、埃及交往，故亚述城很早就与小亚细亚、巴比伦和埃及等地发生了商业关系，成为了亚述地方最早之政治、经济中心。公元前一五〇〇年至公元前一四〇〇年间亚述城逐渐强大起来，终而统一了两河上游地方各城，组成了统一的亚述国家，并自公元前十一世纪起，开始向外扩张，逐渐形成为历史上所称的亚述帝国。

亚述在其名王底格里斯皮利色一世（Tiglath-pileser Ⅰ，公元前一一一六—公元前一〇九三年）时已完全继承了哈梯人制造铁器的技术，大量铸造铁兵。在西方历史上亚述是继哈梯之后的第二个大量用铁的国家。故进入公元前十一世纪后，亚述之势力日益膨胀起来，成为亚洲西部唯一的强大国家。公元前九三〇年至公元前六六〇年间为其最盛时期。

亚述在亚述那色帕二世（Ashurnasirpal Ⅲ，公元前八八三年至公元前八五九年）在位时势力曾扩展到了叙利亚，征服了叙利亚地方的许多小城，控制了东地中海的商业，并曾不断地向南发展，侵略了巴比伦地方。至底格里斯皮利色三世（公元前七四五—公元前七二七年）时，亚述已征服了全部的叙利亚与巴比伦地方。也就从此时开始，亚述大规模的推行了一种非常残酷的政策，即强迫被征服地区的人全体迁移至亚述本部或帝国范围内某一指定的地区，这些移民到新居地后即被集中管理，由亚述政府直接支配其活动与工作。亚述推行这种政策的目的就在使被征服者脱离其根据地，因而不易组织起来反抗亚述的统治。在这种政策推行之下，以及亚述统治者对各征服地区的破坏性的掠夺和摧残，使得许多被征服地区的生产遭到了严重的破坏，甚至某些城市整个地被夷为了平地。

沙尔曼尼色五世（Shalmaneser V，公元前七二七—公元前七二二年）在位时，亚述又征服了埃及。故到了后一代王沙鲁金二世（公元前七二二—公元前七〇五年）时，亚述帝国到达了其兴盛的最高峰。帝国疆域除亚述本部外，还包括有全部的巴比伦、埃及、叙利亚以及小亚细亚之大部。由于其国土日益扩大，沙鲁金二世乃在亚述本部营建了一个新首都，即底格里斯河东岸之尼尼微（Ninua，Nina）城。尼尼微亦异常繁华，在当时是与巴比伦城和塔庇城鼎足而立的大城。

在辛阿尔巴（Sin-ahe-erba，或称 Sennacherib，公元前七〇五一公元前六八一年）时，亚述曾准备要向海上发展，在波斯湾内建立了一支大海军。其目的一方面是为便利它的商业活动，一方面则是为了扩张更大疆域的政治野心。

由于亚述统治者对各征服地区人民肆意压榨、奴役，因此引起了帝国内部各地区人民的不断起义。公元前六八九年巴比伦城亦起义反抗亚述的统治，辛阿尔巴在攻下此城后，下令将之全部毁坏。巴比伦城的毁灭是当时的一件震惊整个亚洲西部世界的大事。因千余年来巴比伦城一直是亚洲西部的政治、经济与文化的中心，故在一般人心目中“巴比伦城已消失了”真是不可想象的事。亚述不但拆毁了整个的巴比伦城，而且将捕捉到的城中未被杀死的贵族、富人和青壮年人全部押往亚述本部为奴隶，老弱和孩童则全部被屠杀。此后，辛阿尔巴乃大兴土木，扩充修建尼尼微城，企图以之代替巴比伦城的地位，成为亚述帝国唯一之中心。

但到了亚述阿伊丁（Ashur-ah-iddin 或称 Essarhaddon，公元前六八一—公元前六六八年）时又重建了巴比伦城，因巴比伦城在亚洲西部的商业中心地位并不能为其他城市所代替。亚述阿伊丁很注意加强对埃及的控制。他抓住了埃及统治阶级内部的矛盾，将埃及分为许多省，每省委派一批他所亲信的埃及人去统治，而故意排斥另一批埃及人，用这种方法在埃及统治者内部制造分裂，以便利其统治。故在其在位时，帝国内部还能维持一相当稳定的局面。

自公元前六六〇年起，亚述帝国开始衰败。亚述班尼帕（Ashurbanipal，公元前六六八—公元前六二五年）在位时，亚述各地人民反抗亚述统治的运动接踵而起，以公元前六六〇年埃及起义的成功与宣布独立为起点，亚述帝国开始衰败并走向了灭亡。埃及反抗亚述统治成功后，帝国各地区人民亦纷纷起来，在公元前六六〇年至公元前六二五年间各地方不断爆发着反抗亚述统治的起义，但都被亚述以强力镇压了下去。当此之时亚述班尼帕曾在尼尼微城修建了一座宏大的图书馆，其中的藏书主要是过去巴比伦的科学、文学与宗教方面的各类作品，这些书籍都是写在泥砖上的原文或抄写本，经几十年之搜集，其总数竟达二万二千块泥砖，故这座图书馆实可算是世界上最早的大图书馆。但当时亚述的学术并不发达，而此图书馆的修建又是正当全国骚动之际，足见这完全是亚述班尼帕有意粉饰太平之作。

亚述对各属地统治异常残酷，对各征服地区之压榨较当地原来的统治者还更严猛，后更将各地人民大批迁徙往其他地区，有计划地对他们施以强迫劳动。因而从亚洲西部至埃及的大片土地上，在亚述人统治时期中是奴隶制度空前高度发展的地区。在当时生产条件下，这虽是一种能够提高生产力的手段，但集中的高度强迫性的奴隶劳动使用的另一结果，却带有极大的破坏性——对劳动力的破坏。在这种制度下生产提高一步，这种破坏性也往往随着增强一步，故在奴隶社会阶段中，某一国家中的奴隶制度发展到相当高度后，即将趋于崩溃，绝不能维持很久。因为奴隶制度高度发展到最终只会有两种结果：一个是当奴隶制所造成的生产发展达到一定高度后，即因人力戕害太甚无法补充，生产自然下降，以致达到停顿状态；另一个便是因其对人力的极度破坏，引起被奴役人民的反抗，而将这种局面推翻。这两种结果都会致使一个奴隶主国家的灭亡。亚述帝国的遭遇就是第二种的结果。

自公元前六六〇年埃及起义胜利后，各地继续反抗亚述统治的力量中最强大的有两个：一是玛代人——为亚述之属国；一是迦勒底人——为亚兰米人中的一个部落联盟，后其势力集中于古巴比伦地方，为亚述人所利用以统治巴比伦地方。这两种人后联合起来，并与其他地区的亚述属民取得联系，共同反抗亚述之统治。这一大联合势力终于推翻了亚述在各地的统治。亚述人被迫退回以尼尼微城为中心的两河上游地方——亚述本部。玛代与迦勒底人继续进攻亚述本部，公元前六一二年下尼尼微城，将此城彻底毁灭，亚述帝国亡。各地之亚述人亦多被杀死。尼尼微城破后，亚述王族与一部分贵族曾率领少数军队逃窜山中，但最后（公元前六〇九年）仍被追索出来，全部被歼灭。

尼尼微城之毁灭可说是历史上一个大城市最彻底的毁灭。过百余年后已无人再知尼尼微城之旧地。至十九世纪时此被毁城市之废墟始为考古学家发掘出来，亚述班尼帕所修建之图书馆因被其他断垣颓壁压覆其上，幸得保全，其中所藏之泥砖亦得被完整地发掘出来，成为今日研究古巴比伦与亚述之最重要的史料。

戊、新巴比伦帝国—— 迦勒底帝国
（公元前六二五— 公元前五三八年）

迦勒底（Kaldi）人推翻亚述的统治后，在原巴比伦地方建立了自己的国家，史称之为“新巴比伦帝国”。

新巴比伦帝国为了要控制东地中海的商业，仍向西伸张其势力，企图控制叙利亚。但此时埃及已征服了犹太—巴勒斯坦地方，亦正欲向北发展其势力，征服整个叙利亚，以控制亚洲西部之商业，这样新巴比伦与埃及就发生了正面冲突。公元前六〇五年双方军队在叙利亚地方哈梯人所建立之卡其米施城附近进行了一次有决定性意义的大战，结果新巴比伦取得了胜利。所以自公元前六〇五年后新巴比伦就控制了全部叙利亚、巴勒斯坦及腓尼基除推罗城以外的全部地区。

推罗（Tyrus）是当时地中海东岸最大的一个商业城市，同时它也是腓尼基地方的一个独立小国。公元前六〇五年新巴比伦攻占了全部叙利亚，腓尼基的大部地区亦为其占领，只推罗城始终未被攻下。公元前五八五年新巴比伦再次攻打推罗城。然因此城傍海，欲攻克之必须有强大的海军力量，可是新巴比伦只在波斯湾上有一支大海军，而在东地中海则无海军，故围攻推罗城十三年（公元前五八五—公元前五七三年）终竟劳而无功。公元前五七三年新巴比伦自认失败，撤推罗城之围。

新巴比伦亦效法亚述之做法，将各被征服地区之人民迁徙至巴比伦及其附近地方，大批奴役之，犹太人即为其中之一。据犹太人记载，在犹太人集中的地方就有新巴比伦帝国政府派来之管理人员。

新巴比伦王那布库督乌苏（Nabu-kudur-usur Ⅱ，公元前六〇四—公元前五六二年）或称尼布甲尼撒二世（Nehuchadnezzar Ⅱ）在位时为新巴比伦帝国最盛时期。此时新巴比伦之商业非常兴盛，除在其本部—— 巴比伦地方农业仍居重要地位外，帝国其他地区则以商业活动为主。

那布库督乌苏曾大事营建巴比伦城，使此城变成了当时西方世界传说中诧为奇谈的大城。据希腊人的记载，当时的巴比伦城共有一百个城门。这种记述虽不免夸大，但由此却可看出此城在人心目中的雄伟宏丽。此外，那布库督乌苏还曾利用城外的一个小土山，在其上用人工来层层叠叠地培植花木，将它修成为一座高耸入云的奇丽的花园。这个花园就是后世所谓的古代西方世界七大奇观之一的空中花园。巴比伦城之扩建与空中花园之营造表现出了当时新巴比伦社会生产之发展与建筑技术的提高。

新巴比伦之商业此后愈益发达，且与印度建立了经常的商业关系。在叙利亚、腓尼基与巴勒斯坦地方之商业重地，除推罗城外，皆成为了它的属地或受其控制。

那布库督乌苏二世死后不久，帝国东部有一新兴势力——波斯兴起。波斯统一了内部强大起来后开始向西发展，公元前五三八年因被掳在巴比伦的犹太人之助攻下了巴比伦城，新巴比伦帝国亡。此后巴比伦地方即成为了波斯帝国之一省。

第三章　希腊罗马王朝时代
（公元前一二〇〇—公元前七五〇年）

一、地理环境

古代希腊（Hellas，Craicia）世界的地理范围，在最小的时候，也包括希腊半岛、爱琴海的全部岛屿、克里特岛以及深入内地一定距离的小亚细亚西岸，因此它比仅包括希腊半岛、克里特岛及爱琴海中一部分岛屿的今日的希腊要大得多。

古代希腊世界，并不是一直以希腊半岛为中心，时代不同，各地区的重要性也有所不同。

希腊半岛几乎完全是山地，许多小山脉交错纵横，沿海有许多天然的良好港湾，尤其在东部，海岸线极为曲折，在小亚细亚的情形也是这样，沿海有许多港口，稍入内地就是丘陵蜿蜒的山地。

山地、海岛和港湾可以说是希腊地理的基本形势，这种基本形势，在生产力较低的古代，对希腊社会的发展，是有一定程度的影响的。

首先由于山地、海岛、港湾之间的互相隔绝，形成许多小的自然区域，各自独立发展，每一个山间原谷，每一个港口或海岛都可以发展成为一个城邦，也就是一个小的国家，因此，在古代希腊历史上，较大的国家的出现，反倒是例外的情形。

自然地理的形势，对人民的生活方式也有影响，因为只有在农业技术很高的时候，才能垦殖山地，所以古代希腊的农业并不占重要的地位，虽然山间原谷也有农业。但就其整个的经济来说，它所占的比重是很小的，山地的牧畜业比较发达。

由于国内土地的贫瘠，加上希腊半岛东岸及小亚细亚沿海港湾曲折的地理条件，希腊人民很早就注意向外发展，在发展国内手工业的基础上，对外贸易日渐频繁，促使日后许多城邦成为重要的商业国家，例如雅典。

意大利半岛位于地中海中部，就其地理上的特征来说，可以分为南北二个不同的地区，北部主要是平原，半岛上唯一的较大的河流波都河（Padus，今称波河 Po）灌溉着它。而南部是一个狭长地带，山脉交错。

意大利半岛的海岸线比较平直，东部几乎没有大的港口，少数的港口分布在半岛的西部及南部，重要的国家大都建立在这些地区，例如罗马，它就在半岛西岸的中部。

半岛经济发展的情况，正好和希腊相反，农业很重要，南部虽多山，但仍有许多较大的原谷，除农业外，畜牧业也很发达，但商业极不重要，因为人民的注意力可以集中于国内土地的开垦和发展牧畜上，同时半岛海岸线比较平直，不像希腊那样有向外发展的有利条件，所以商业不很发达，罗马帝国时代的商业虽然曾经一度繁荣，但它并非正常的商业，纯粹是掠夺性的。

意大利半岛附近有三个大岛，它们在历史上都和意大利有关联，这三个大岛是西西里、撒丁尼亚和科西嘉。

西西里岛在意大利与古罗马的历史上，占了很重要的地位，因为在古代的航海技术下，意大利人从海路到非洲去，一定要经过西西里岛，因此西西里成了意大利和非洲航路间的天然桥梁，每当意大利或非洲方面有强大的力量出现时，它们十分重视对西西里岛的占领，这一方面是由于西西里在古代欧非海路上地位重要，另一方面西西里岛十分肥沃的土地，对其他国家的统治阶级来说，是一个极大的诱惑。

撒丁尼亚和科西嘉在上古时代并不重要，这二个岛没有良好的港口，岛上多山，土地比较贫瘠，不足以引起外来力量对它的剥削和统治，同时它们距离意大利较远，彼此间的交通不很方便，到共和国晚期，它们才成为罗马的领土。

二、人种

至今我们还没有在希腊发现任何旧石器时代的遗迹，因此希腊在旧石器时代是没有人类的，发现的新石器很多，大概在新石器时代开始有人类进入了希腊半岛。在新石器时代晚期，大约是公元前三〇〇〇年到公元前二〇〇〇年左右，当地已发展到了氏族社会晚期的阶段，有了农业，并且形成了农村，但是它们自己的发展始终很慢。公元前二〇〇〇年以后，受了外地较高文化的影响，尤其是克里特岛青铜器的输入，对希腊的影响极大，在此以前，希腊只有很少的红铜，而且极不重要，主要的还是使用石器。但不久被称为阿卡亚人（Achaios）的部族从北方侵入，它们比土著更落后，入侵的阿卡亚人的一部分留在北部，一部进入半岛南部的丕娄波尼索（Peloponnesos），与当地土著人民同化。这是希腊历史上第一批入侵的印欧人。

公元前一二〇〇年左右，另一批被称为铎利亚人（Dorieis）的印欧人入侵，他们已有铁兵，很快地征服了当地的土人和阿卡亚人，不久南下入海，公元前一一〇〇年左右，占领克里特岛，他们的足迹到达了爱琴海中许多大大小小的海岛上，最后进入小亚细亚西岸的南部。

铎利亚人集中的地方是丕娄波尼索、爱琴海南部各岛及小亚细亚西部偏南的海岸，有一时期曾集中于克里特岛。

公元前一二〇〇年后，阿卡亚人及与当地土人同化以后的阿卡亚人，分成二支向外活动。一支称爱欧尼亚人（Ionios），先达希腊半岛中部（后来的雅典地方），再向海外发展，在爱琴海中部的开克拉底群岛上最为活跃，帕娄、那克索、狄娄均为其占领。

爱欧尼亚人以后不断地有许多小的活动，它们大部分集中在希腊中部偏东、开克拉底群岛、小亚细亚西岸的中部，尤其集中在小亚细亚的浮其亚、埃弗索、米利陀一带，因此这些地方有爱欧尼亚地之称。

另一支是伊欧利亚人（Aeolios），它们最先达希腊半岛东北之提撒利亚与比欧提亚，后至爱琴海东北的列斯博岛和开欧岛，又由此进入小亚细亚西岸北部的开密、斯美那等地。

公元前八〇〇年左右，希腊半岛、爱琴群岛及小亚细亚西岸的一般情况已形成为伊欧利亚人分布在北部，爱欧尼亚人和铎利亚人在中部和南部，这三种人在种族语言上很相近，它们在公元前八〇〇年左右已混称为希腊人（Hellenes，Graeci）。

意大利方面早期历史不详，公元前二〇〇〇年到公元前一〇〇〇年以后，种族和文化线索都很复杂，我们现在所知道的重要的种族有二种：一种是在意大利半岛东北部的伊楚斯科人

（Etruscus），大约在公元前一〇〇〇年左右进入意大利，它们来自何处，属于何种种族，都不知道，虽然他们留下许多铭刻，但是至今还没有人能读；另一种是在意大利半岛中部和西南部的古意大利人（Itali，在古代历史上，所谓意大利人就是指居住在该半岛中部及西南部的人），撒姆尼提人（Samnites）、拉丁人（Latini，包括罗马人）都是古意大利人。

三、王制时代的社会

由于外来部族的入侵，希腊在公元前一二〇〇年以后数百年间语言上发生了极大的变化，原来的土著方言完全消灭，因为外族进入希腊以后，彻底破坏了当地原有文化。半岛在克里特岛影响下，曾经建立了许多城邦，工商业很发达，现在都成了一片丘墟，一部分的土人被杀，剩下的大都与希腊人同化，它们原有的生活方式已经不再存在，替代以希腊人落后的氏族社会生活方式。在旧的政治社会基础遭受彻底摧毁的情况下，古语的存在已经是不可能的了，因此除了少数的地方仍沿用古名外，古语完全消灭。

希腊人定居以后，希腊世界政治社会的发展极不平衡，这种不平衡的状态，维持了数百年之久。最初他们处于以血缘为基础的氏族社会阶段。定居以后，氏族内部出现了不同的组织层次，是为下阶段的发展基础。到了王制时代，由于定居后生产力的逐步提高，土地开垦面积扩大，人口不断增加，氏族的血缘组织逐渐分化，每一氏族形成了若干支族，这是氏族发展的一个方面；另一方面若干氏族联合了形成宗族，这种宗族在罗马也有。宗族的组织是否有血缘关系，这是很成问题的，当然在那个时候人类的概念中除了血缘的结合外，很难想象有其他的组织基础，但血缘关系在宗族组织中已不像在氏族组织中那样占重要地位。

若干宗族再联合起来就形成了部落或部族。部落或部族比起宗族来是更扩大的发展，从表面上看来这只是政治组织的发展，但任何政治组织的发展，都有它经济的根源。当时战争已经出现了，而且日益频繁和剧烈，战争的目的是为了掠夺别的民族的剩余生活品，后来更进一步开始掠夺其他氏族中已经开垦了的土地，这些归根结蒂是生产力提高、剩余生产品增加的结果。

随着政治组织范畴的扩大，其组织性质也逐渐起了变化，社会开始有分化的趋势。

就希腊来讲，各地发展是不平衡的。半岛的西部、西北部与中部地方发展较慢，仍然停滞于原始社会阶段。小亚细亚西岸、希腊半岛东岸发展比较迅速，已逐渐转入了农村公社的阶段。农村公社与氏族社会组织，特别是与初期氏族社会的组织有很大的不同。虽然形式上看来，二者之间没有多大差别，例如农村公社完全保存旧的血缘组织，公社内部的人都是平等的，在理论上尚无阶级之歧异，全部财产均属于公社所有等等。但实际上农村公社内部逐渐地起了质的变化，公社的土地，除了一小部分仍然公有，在氏族的头目管理下，大家共同经营外，其中很大一部分土地是分给个人单独经营和使用的，所以实质上土地私有在公社中已开始出现。

农村公社是希腊先进区域氏族制度破裂后的发展，后来许多公社联合起来，成为一州。最初主要是因为政治的目的，因为这样可以增加自卫或对外侵略的力量。这一发展在希腊也是不平衡的，先进地带在州的基础上发展为城市，在城市上组织成为一个国家——即城邦，一些落后的地区仍然停滞在农村公社的阶段。

城邦的出现有二种方式：一种方式是比较和平的发展，在州的基础上建立国家；一种方式是由于战争的征服，一个农村公社或一个州用武力来征服其他公社或州，在这种基础上建立起国家。每一个城邦的出现并不一定只采取二种方式中的一种，有的城邦例如雅典的出现与上述二种方式皆有关系，而斯巴达是在第二种方式下建立起国家（这是根据传说来断定的）。

国家的出现与阶级的分化是不可分开的，只有在氏族社会内部有了阶级的分化，才有国家的出现。在希腊方面，这段历史是比较清楚的。

远在氏族社会时，氏族内部就有选举一人或数人出来领导作战和处理公共事务的办法，在农村公社时期，情形也是一样。被选出来的头目——我们可以称它为酋长，在处理公共事务各方面最重要的是管理公有土地，因为公社中的土地虽然大部分都分给了个人单独经营，但还有相当可观数目的一部分属于大家所有，公社中的人除了经营自己一小块的土地外，必须在酋长的领导下，轮流在公有土地上劳动。最初土地属于大家所有，因此其生产品也归大家所有，酋长在支配公有生产品时一定要按照惯例或者征求大家同意。后来由于土地人口的增加，生产力的发展，公共事务的复杂化，许多事情酋长不再在事先征求大家的意见，而是随机应变，按照自己的主意来处理。一步步的发展和变化，最后在形式上土地虽然仍然是公有的，酋长仍为大家服务，但实质上土地渐渐为酋长私人所占有，大家在公地上的劳动也变成为酋长个人而劳动了。在形式上公社中的人和酋长仍然是平等的，而实质上他们变成最初为酋长所奴役的人。在这种内部分化的基础上，经过对外的战争而有了更进一步的发展。最早的时候战争中的俘虏都处死，有极少不杀的人，吸收为本氏族的成员，但并不加以奴役。后来不再杀死俘虏了，将俘虏全部或一部留下，强迫他们替自己劳动。有的时候，将俘虏留在原地经营土地，每年将收获之一部分生产品入贡给征服者，实际上这批贡品大都落入酋长及其随从者的手中。被征服者有时成为酋长及其随从者的奴隶，他们在最初基本上不参加劳动生产，只是在家庭中服役。从事生产者的奴隶最早并非战争俘虏，而是在土地经营基础上出现，换言之从自己居民内部出现。（因为生产力提高促使交换频繁，商业发达，渐渐有了借贷的现象，公社内的人向酋长及其随从之人或者教士借债，因为他们都是协助酋长来统治人民的人，比一般人有较多的土地和钱财。）当负债的人不能偿还债务时，债主就没收其土地，失去土地的人无法生活，只好替债主耕种，变成佃户或雇农，还有一些人变成了流浪者。而如果自己所有土地都给债主尚不能偿清债务时，负债人只好卖身为奴，终身为债主劳动。在这种内部剥削的基础上，酋长及少数人才注意到用俘虏来的奴隶从事生产。

总结以上，我们可以知道奴隶的出现是氏族社会逐渐分化的结果，最早被奴役的人都是自己氏族内部的人，但当初他们在法律上仍然是自由的。这时候国家开始萌芽了，酋长为了压制这些人的反抗，就借口为了大家利益建立了国家机构，实质上只是为了达到少数人奴役多数人的目的。

在希腊，稍晚在意大利，特别在罗马的国家出现以后，社会上有四种阶级。

（一）贵族、酋长及其周围的随从者。在法律上奴隶的身份肯定以后，他们就是奴隶主。他们统治的经济基础是土地，在全国范围内占领了大量的土地和奴隶，掌握了政权。

在海岛及海岸上的国家，社会经济政治的发展不完全是由于土地的关系，商业的活动和海盗的掠夺也成为剥削和统治的基础。这些地方很早就开始经营商业，不过最初手工业发展很低，因此商业并不算发达。贵族一方面靠土地剥削人民，一方面作海盗。据当时的记载，做海盗是一件光荣的事情，由此也可以突出地看到统治阶级的剥削本质。

（二）平民。在一般城邦里平民和贵族是主要组成者。平民就是一般氏族的成员，城邦出现后他们在法律上仍然是自由的。他们大部分为小农，有随时丧失土地之可能性。

（三）手工业者。任何地方的手工业者最初都是为本地制造工具和日用消费品，当时人数很少，还不能形成为一个独立的阶层。随着生产力的提高，手工业产品愈来愈大的部分是作为商品对外交换。手工业者也要向国家纳税，由于他们比较集中，很利于联合起来向贵族交涉，有时甚至反抗，故一般来讲王制时代的手工业者的地位，虽在法律上无明文规定，但实际上要比农民高些，可以说介乎贵族与平民之间，他们还不是统治阶级主要的剥削对象。

（四）奴隶与佃农。王制时代的奴隶主要是在贵族家庭中服役，而且数目也不多。佃农是丧失土地的自由人，在一定的契约下替贵族经营土地，最初数目也不多，但愈来愈增加。

四、希腊文学

文字　今日考古学家发掘出了许多古代希腊的铭刻，上面有许多文字，但无人能读，这种希腊的土著文字是随着土著语言的消灭而消灭了的。希腊有很长一个时期因为这种文字的消灭而无文字，直到纪元前几百年左右，由于商人和海盗的介绍，在腓尼基人那里学来了字母。腓尼基人的字母，只有子音没有母音，希腊人加以修改，在子音中抽出几个字母来作为母音。最初这种文字，大都为商人记账和交易所用，公元前七〇〇年左右才应用于政治上，至于学术文化上的应用，是更晚的事情了。希腊人将他们的字母带入在地中海各地发生影响最大的意大利，后来罗马人全部吸收过来，将写的方法略加简化，形成拉丁字母。今日东欧一部分国家所用的字母也是从希腊字母中蜕化出来的。西欧各国和一部分东欧国家都采用拉丁字母，因此欧洲的文字直接或间接的都与希腊字母有关联。

文学　王制时代的希腊文学都是口传文学。文学中分贵族文学和平民文学。最重要的一个文学家是荷马，他的二大史诗《伊利亚》和《欧底西亚》，是反映贵族生活的作品，也是歌颂贵族英雄的，但间接地也反映了人民的生活。

二大史诗中的《伊利亚》诗描写迈其尼与特娄亚二大城战争的故事。特娄亚城又名伊利昂，他与迈其尼都是以陶业著名，彼此因商业上的竞争引起了竞争，迈其尼联合了希腊半岛上的各城邦的力量打败了特娄亚，并毁灭了特娄亚城。这是希腊早期历史上一次重大的战争，故人民口传了这次战争的许多故事。这些故事愈传愈广，经过了许多年代，它的内容日益丰富，后来穿插了许多神话，附会了许多其他故事，加上由氏族社会阶段到国家出现后经过一代代的积累，战斗经验日益丰富，这些也都加插在二城战争的故事中，形成了《伊利亚》诗。

《欧底西亚》（Odyssea）诗是歌颂英雄欧底西奥（Odysseus）的。诗的内容是描写欧底西奥在外流浪二十年，经过许多惊险，欧底西奥用智慧和勇敢克服了各种困难，最后回到家乡。它可以说是古代希腊各地神话之汇集。

关于这二首诗的作者荷马（Homeros），是否实有其人，各国学者曾有热烈的争辩，有些研究家坚持荷马实有其人，有的则否认此说，认为二大史诗乃流浪的行吟诗人集体的创作。今日大多数的专家都同意后面的说法。

荷马这人大概是没有的。希腊早期经济文化发展最高的是小亚细亚沿岸之城邦，当时有许多流浪的行吟诗人在各城的王宫中演唱，演唱的内容大都是古代英雄的故事，其中穿插和影射一些当时王公的事迹，加以歌颂以取得王公的欢心。这些行吟诗人彼此经常交换演唱故事之心得，因此演唱的内容日益丰富，到公元前八〇〇年左右，有了比较固定内容的二首诗。因此事实上二大史诗并非一人所写，也非一人所汇集整理。二大史诗的最后编成年代是王制时代以后较晚的事情，至于说荷马在公元前八〇〇年前后写成是旧的说法。

另一个有名的文学家是赫西欧铎（Hesiodos）。他是王制时代末期（公元前七〇〇年左右）比欧提亚（Boeotia）地方的人，关于他的事迹知道的不多。他留下的《神谱》和《劳动日历》是希腊最早的二本个人的作品。《神谱》将各种神的故事及谱系写了出来，在神话中它占的地位很重要，这是研究希腊神话必要的出发点。《劳动日历》完全反映了人民的生活情况，尤其对一年中各个季节农民的生活情况，有很多的描述，并且将农民世世代代积累的经验总结了出来，并发挥了自己的意见，故《劳动日历》一方面是现实的描述，一方面是吸取过去农业经验，介绍给农民供他们参考。在世界历史上，除希腊外，只有中国在这样早的时候有这一类的书。

希腊人的宇宙观，我们可以从赫西欧铎的《神谱》中了解到。他们认为宇宙最初是混沌的，没有固定的形式，从混沌中生出了黑暗与黑夜，黑夜又分上气与白昼，这时宇宙才渐渐的从混沌局面变成固定的形状。其次是大地（Gaia）出生了，大地出生以后才有阴阳的概念。大地是阴性的神，这是希腊第一个近乎人性的神。后来大地生了阳性的星天（Ouranos），它就是后来想象中天神居住的地方。大地与星天生了许多的子女，其中最重要的是幼子克娄诺

（Cronos）与巨人。克娄诺在后来是代表时间的神，巨人是半人半神的。克娄诺是丢斯（Zeus）的父亲，丢斯在希腊神话中占的地位很重要，他是世界最高的主宰。至于丢斯的故事很多，他生在克里特岛。当时宇宙是克娄诺和巨人的世界，这是二个破坏性很强的力量。丢斯成年后，先后战败巨人及其他妖物，最后把自己的父亲克娄诺也打败了，作了天王，管理世界，主持天地之间的大事，并且大封群神。各神均有自己的专职。这样世界才有了固定的秩序。

古代希腊人关于宇宙形成及天地开辟的想象，是在生产力低下、科学不发达、对自然没有认识能力的古代人类所产生的一种必然的概念，在当时这种概念还是合乎理性的，人们只能从自然界的表面现象来肯定从无秩序进入有秩序的过程，丢斯的出现更进一步象征了人类社会秩序的产生，这种人世间一切秩序制度的安排，在人对自然控制力薄弱的古代，只能假定由神来安排和完成。

希腊诸神中以天帝丢斯为最重要，天帝是天上最高之神，所有的天神都居住在天上，但还有地下的神宫，希腊人想象它是在希腊北部的欧林普（Olympos）山上。

第二大神是骊亚（Rhea），她是星天的女儿，是所有大神的母亲，丢斯、嬉拉、波赛荡、哈狄斯都是她的孩子，实际上骊亚是一个繁殖神，象征着自然界繁殖力量。

第三个大神是嬉拉（Hera），她是天后，丢斯之妻。除此以外还有智慧神之一的雅典娜（Athene），她是天女，后来成为雅典最崇拜之神。波赛荡（Poseidon）是海王，是海的主宰。哈狄斯（Hades）是冥王，是死后世界的最高统治者。太阳神亚波郎（Apollon），在希腊神话中他是一个标准的美男子，后来成为贵族男子各种美德的总汇，他会射箭，预知未来，又是医药神，并且是精通诗词音乐的文艺神。

中国与希腊、罗马除外的所有古代国家中，教士阶级都是统治阶级中的特殊阶层。统治阶级中基本上有这样二种人，一种是直接掌握政权和军事的，另一种就是教士，靠掌握宗教信仰、礼节、仪式来控制人心，达到统治人民的目的。以上二种人基本上是合作的，但他们内部为了争夺统治权力和剥削机会，经常有纠纷。一般地说，希腊以前，除中国以外的古国，这二种统治阶级地位都重要，但各时代都不同，有时是军政方面的统治阶级占上风，有时是教士方面占上风，但希腊教士地位很不重要，他们虽然也属于统治阶级，但其地位与国家的下级官吏差不多，等于是一种宗教的技术人员，因此他们不能垄断宗教，每一个人民都可以不通过教士直接来祭祀。

罗马情况比希腊更为突出。希腊只是没有一个特权的教士阶级，而罗马根本就没有教士，并没有专管宗教事务的一批人。最初罗马的国王就是国家最大的教士，主持国家重大的祭祀，一般国家的官吏附带都有教士身份，都可以向神祭祀。直到公元前六世纪，罗马受了北方民族的影响，才有教士出现，但他们并无特权。教士团体中的头目，等于古代中国的大宗伯，他在政治上没有地位，不能干涉政治。

教士阶级无特权对后世影响很大，这种影响在王制时代就很显著。拿希腊罗马的神话来说，它是当时人类对自然不了解，就其表面现象给予的一种解释。他们把自然现象人格化，但和其他国家相比较，可以说并没有什么迷信成分在内，这在有强大教士阶级统治的地方是不可能的。古代宗教分析到最后，就是人与自然的关系。教士阶级为了实现其愚民政策，是不许人观察和研究自然的，这样阻碍了人们智力的发展，希腊哲学之产生，与这有关。

第四章 希腊罗马城邦时代（上）
——殖民与僭政
（公元前七五〇—公元前五〇〇年）

城邦时代前后约四百年。从公元前七五〇年至公元前五〇〇年是希腊向外扩张时期，这时期希腊的殖民范围包括整个地中海区域、黑海沿岸及北非的一部地区。

公元前七五〇年左右，希腊先进地区已经有了城邦出现，从这时开始，以希腊为主的地中海世界历史，就是各城邦内部发展与各城邦间相互关系的历史，在这种局面下出现了“僭政”与殖民运动。

殖民运动的发展是有它经济基础和政治背景的，公元前七五〇年左右希腊的经济发展很迅速，而且有巨大的变动，至于内部政治的发展，这一时期以“僭政”最重要，“僭政”对希腊社会经济政治的发展有很大的影响。

一、经济发展与殖民运动

首先就经济的发展来看，王制时代的希腊主要还是农业社会，工商业虽然已经出现，但并不占重要的地位，到了公元前七五〇年左右情况开始转变，手工业渐渐重要起来，经营手工业的人也日益增加，这些手工业者大都是农村中丧失土地的人，因为国家出现以后，阶级剥削的残酷，迫使农民破产和流亡。希腊多山，可耕地本来就不多，现在大多数的农民，更得不到土地了。他们只好做地主的佃农，甚至沦为奴隶，也有一些人逃至山中聚集起来反抗地主贵族，有机会掠夺富有者的财富并且杀死他们，统治阶级称这些人为“盗匪”。破产的农民除了做佃农、奴隶和“盗匪”这些出路以外，一部分人当了手工业工人。

手工业工人也经常的受到贵族奴隶主的剥削和压迫。公元前七五〇年左右，他们大都组织了各业行会，因此他们能以集体的力量与贵族奴隶主斗争，而获得了全部或一部分的胜利，并取得一些政治的权利。

奴隶制度和商业资本这时也开始发展起来。奴隶制度的发展与工商业的发展有密切的关系。公元前七五〇年以前，多数的奴隶都是在家庭中服役，直接从事生产劳动的并不多，但公元前七〇〇年以后，奴隶数目开始大量增加。由于以商品制造为主的手工业日益发展，从事手工业劳动的奴隶也多起来了，奴隶主开始愿意花费较大的代价，让自己的奴隶学习手工业技术。这种有专门手工业技艺的奴隶，身价很高，有些是本国人，有些是从外国买来的。这时战争的俘虏，大部分也都变成了奴隶。

手工业家大都兼有商人身份在外经商，他们靠剥削奴隶的劳动来扩大其营业的范围，因此他们手下的工奴数目不断增加，他们也就渐渐地成为商业资本家。这是奴隶制度与商业资本的关系。

当时国家也有奴隶。国家奴隶有二类：一类是矿奴。随着工商业的发展，各种金属品的需要渐渐增加，因此开矿业发达起来，矿奴就是开矿的奴隶，他们是当时所有奴隶中生活最苦的人。第二类是在政府中服差役的人和低级官吏，例如机关的门房，法庭的巡捕和一些文书工作者。这些奴隶所受的实际待遇比其他奴隶要好得多。统治阶级利用国家的名义把这些人称为国家的奴隶，实际上他们仍然是受少数人支配的。

在以上社会经济发展的基础上，开始有了殖民运动，公元前七五〇年左右至公元前五五〇年左右是希腊殖民运动最盛的时期。经济的发展是殖民运动的主要动力，此外有以下的原因促使了殖民运动的发展（当然这些原因都是与经济的发展不可分的）。

（一）农村中丧失土地与人身自由的人愈来愈多，这些人为了避免被贵族奴役，总想找机会寻求出路向外谋生。

（二）随着工商业的发展，商品制造日增，因此当地的原料愈来愈感到缺乏，国内的粮食也因人口的增加而不能自给，需要外地粮食来补充。为了取得其他地方的原料和粮食，最初是到各地去收购，后来发展到在该地设站，派人长期驻留在那里。另一方面工商业的发展引起了市场的需要问题，最初也只是用船装运制成品到各地去推销，后来在该地设立贸易站，这样势必推动向外发展的殖民运动。

（三）当时国内的政治情况也推动了殖民运动的发展。由于阶级矛盾的尖锐，政治日益纷乱，统治阶级内部的斗争日趋复杂，人民与统治阶级的斗争也激烈起来。每一次政治斗争中失败的人只好向外逃亡，到了公元前七五〇年左右，当政的胜利者更强迫反对自己的人向外迁移。

（四）奴隶的需要不断增加，迫使贵族奴隶主到远方去抢劫和拐带人口。最初这纯粹是一种海盗的行为，后来贵族奴隶主在沿海各地设立了专门贩卖人口和抢劫人口的机构，来向国内输送奴隶。

由于以上种种原因推动的结果，公元前七五〇年至公元前五五〇年间，整个地中海以及爱琴海往东进入黑海沿岸都布满了希腊各城邦的殖民地，它们有自己的政治组织，大都用城邦的形式组成。

二百年殖民运动的结果，整个地中海世界，包括黑海在内，大都希腊化了，重要的殖民区域有下列几个：

（一）意大利半岛南部　意大利半岛的南部，不仅沿海，在内地也有希腊人建立的城邦。在殖民期间，它们全部希腊化了，所以后来意大利特称这一带为“大希腊”。

希腊人最早在南意建立的殖民地是罗马南部大希腊区域以北的库密（Cumae），希腊人附会他们神话中的欧底西奥曾经到过此地，后来罗马人、意大利人，也接受了这种附会的说法。当时的罗马还很落后，接受了希腊较高的文化以后，很快地发展起来。它摹仿了希腊的政治组织方法，成为一个城邦国家。罗马虽然并非希腊的殖民地，但在历史文化的发展上等于希腊的殖民地，例如在宗教信仰上，罗马接受了希腊的亚波郎等神，此外罗马又接受了希腊的文字，他们将希腊字母略为改变，写出了自己的语言，这就是拉丁字母。

（二）西西里岛　西西里岛的东部，有许多希腊的殖民城邦，其中最重要的是科林陀（Corinthos）建立的叙拉库西（Syracusae）。希腊人并没有进入西西里岛的西部，因为在希腊殖民以前，以推罗人为主的腓尼基人已经在地中海建立了许多殖民地，其中最大的是北非沿岸的迦太基。他们以此为中心向外扩充，直接控制了西西里岛的西部。

（三）高卢　古代的高卢包括今天的全部法国、比利时和卢森堡，此外荷兰的南部、德国的西部和瑞士的大部分也包括在内。但这里所指的高卢，主要是指今天法国境内的地方。尤其是法国境内偏南一带的地方。这里有许多希腊的殖民地，其中最重要的是马撒利亚（今马赛），大约在公元前六〇〇年左右建立，建立后很快地就成为西地中海希腊商业活动和文化传播的中心。希腊人又以马撒利亚为中心向伊比利安半岛及地中海沿岸的地方殖民。

（四）除了东西地中海区域以外，希腊人在黑海区域的赫列斯滂陀（今达达尼尔）海峡西岸浦娄滂梯（Propontis，今马尔马拉）海及黑海沿岸建立了大大小小约九十个殖民地，大部分为小亚细亚西岸的希腊城邦米利陀（Miletos）所建。

（五）在北非方面 具有悠久历史的古国埃及，这时虽然仍是地中海世界最大的国家，但希腊强大以后，它已经衰败，再没有力量阻挡外来的势力了。这时的希腊还是一个新兴的力量，不断地向外发展，他们认为埃及是一个很大的很好的市场。最初希腊人在尼罗河河口经商，要求埃及准许他们在尼罗河下游建立他们自己的城市。公元前六四〇年左右，米利陀人建立了挪克拉提，此后挪克拉提成为希腊在埃及活动的中心。

当时就政治经济方面的势力来讲，希腊远比埃及强大。但就文化而言，埃及是一个文化遗产极其丰富的古国，而希腊当时脱离氏族社会不久，所以希腊人吸取了许多埃及过去积累的文化成就，包括宗教、神话、医学、建筑术、几何学、天文学等，有选择地加以发挥。希腊人又大量购买埃及的纸草，带回国去，帮助了希腊文化的发展。希腊人在北非的活动，主要地限于埃及海岸，埃及以外的北非沿岸，大部在腓尼基人的控制下。

国内经济的发展推动了殖民运动，殖民运动的发展反过来又刺激了工商业的繁荣，因此在殖民运动的二百年间，工商业获得了更高的发展。这时期内，希腊各城邦大量的向殖民地输出了手工业的制成品，各殖民地则向母国输送大量的食粮和手工业原料。此外，工商业的发展已经突破了地方市场的范围，这样用商品与小金属块相交换就很不方便，产生了许多困难。为了避免种种不便，开始有铸币出现，这时有许多富商就将过去无固定形式和重量的金属，按一定规格制成钱币。钱币在希腊最早是用铜铸成的，后来才用金银。最早铸钱的是利底亚（大约在公元前六八〇年左右），希腊在公元前七世纪才开始铸钱，而且可能是受了利底亚的影响，但主要还是国内经济发展的结果。钱币的出现又为工商业的发展创造了条件。

殖民运动后，地中海和黑海区域所有希腊城邦的数目，就现在找到的材料统计起来，大约有四百个左右。

以上是希腊内部经济的发展和向外扩充的大致情况，从这一时期内部的政治发展来看，我们可以得出一个总的结论—— 贵族奴隶主掌握政权的城邦国家普遍形成。

二、贵族（奴隶主）国家的城邦之普遍形成

王制时代王的权力虽然也或多或少的受到贵族的控制，但王总是占在主导的地位。就拿王制时代一般平民自己的议会来说，这个议会，凡是能拿武器上阵作战的男子，就有资格参加，议会有一定的权力，虽然一般政治事务越来越多的为贵族所包办，但重大的事情，特别是关于和战问题，还是要征求全议会和王的同意才能作最后的决定。到了城邦时代初期，这种情况开始有了变化，王以外的贵族势力日益膨胀，因此王与贵族的斗争激烈起来。这种斗争虽然是统治阶级内部的斗争，但对希腊罗马历史的发展有重大的影响。

王与贵族比较来看，王是要“超然”些，这就是说王对整个统治阶级的利益能够比较全面地照顾到。他知道如果要维持贵族阶级的统治和剥削权益，最好不要过分地压榨人民，以免引起反抗，严重的阶级斗争将会动摇统治的基础。但一般贵族所看到的却不是整个统治阶级的局面，只是自己控制下的一小块地盘而已，他们认为王对他们的干涉和限制太多了些，因此要反对王。实质上王与贵族的斗争，不过是统治阶级内部对剥削统治人民的政策不同所引起的纠纷而已。这种斗争是王制时代晚期大多数城邦的中心问题，结果

王被打败，王除了宗教上代表国家举行祭典外，其他一切实权皆被剥夺。在某些城邦中，王甚至要由选举产生，并且每年改选，这种选举与氏族社会酋长的选举是不同的，实际上这时候王已经成了傀儡。平民的议会虽然没有正式的改革，但这时无形中也发生了很大的变化。过去平民的议会皆由王召集，这是氏族社会酋长召集会议这一习惯的沿袭，但现在王不再召集议会了，议会等于被取消。从以上变化可以看出城邦初期的国家，基本上是贵族奴隶主在专政，国家的官吏渐渐都由元老院来委任，被委任的人不用说，当然都是贵族。

以上是王制时代进入城邦时代的情况，后来又有新的发展，即僭主的出现。

僭主的出现，开始于公元前六五〇年左右。从公元前六五〇到公元前五〇〇年僭主出现的现象最多，因为王制衰败后，贵族内部的斗争更激烈起来，每一个贵族家族完全从本集团的狭小利益出发，与其他的贵族斗争，甚至发生武装冲突引起内战。在过去王存在的时候，王多少还能够缓和贵族集团之间的矛盾，平衡和限制贵族们的权力，尤其是使个别突出的贵族不至于表现得太猖狂。但现在王的这一力量已经不存在了，贵族们可以毫无忌惮地任意活动，他们对平民的压榨也比过去残酷了，因此平民与贵族的矛盾日益尖锐，在这种情况下僭主出现了。

僭主的来源一般可以分成三类：一类是国家官吏在其任职满期

时抗不交卸，并且夺取政权；另一类是内战时双方相持不下，共同举出一人来公断，在公断期间，国家一切事务都由他来独裁，有些公断人就利用这个机会，夺取政权；第三类是平民与贵族斗争时，平民拥护出来的政治家，因为平民人数很多，如能组织得好，往往能取胜，有些政治家，就利用自己的地位夺取政权。

僭主夺取了政权以后的政治，我们称为“僭政”，僭政对统一国家安定社会起了一定的作用。在贵族集团相互争夺，平民与贵族矛盾日益尖锐的情况下，僭主的使命，就是要缓和统治阶级内部与统治阶级和人民之间的阶级矛盾，限制贵族对平民的剥削，相对地减少平民的一些痛苦，从而麻痹人民的反抗，巩固统治阶级的统治地位。同时僭主为了要取得人民的拥护，积极地发展生产，提倡工商业与农业，使一般人民的经济生活得到一些改善。虽然在实质上分析到最后仍然还是为维持贵族的统治地位和增加贵族的剥削权力而出发的，但从效果上来看，它打下了希腊社会向前发展的经济基础。

“僭主”后来在历史上变成一个含义很坏的称号，其实按它原来的意思来讲，只是“不合法的统治者”，所谓不合法分析起来不过是不合贵族的法而已，因此最初并没有什么恶意在内。同时第一代的僭主是强烈的政治斗争中出来的人物，他们对当时的政治局面和各方面的政治要求比较能够了解，至少在表面上他们很能照顾全局，因此第一代的僭主往往能取得当时一般人的好感。但到了第二代的僭主，情况就不同了。他们过惯了养尊处优的生活，看到的只是生活中的一些个人利益，所以他们大都很昏庸，有些甚至非常残暴，这些人的命运，大都是被推翻后死于非命，或逃亡在外。因此僭主一字除了原来的含义外，现在由于一般人的意识中认为僭主是暴虐的，故附加了“暴君”之意在内，久而久之僭主一字的原来意思反而被人忽略，最后僭主乃即暴君，僭政就成为暴政了。僭主一字意义的变化是代表了历史发展的一般过程的，后来此字传给了欧洲所有的文字。在僭政之后又有一个新的大家公认为合法的政治制度出现，这种新的政治制度有三种类型：一种是以斯巴达为典型的寡头政治；一种是富人政治，罗马可作典型；一种是以雅典为典型的民主政治。所谓民主政治，是希腊人自己的名称，其实民主只限于对有自由身份的人而言，并不包括占人口比例大多数的奴隶在内，因此就其制度来讲还是由少数人来掌握政权的政治制度。

三、国际关系的初起

城邦出现后，小国林立，这些国家之间的关系渐渐密切和复杂起来。

最初的国际关系以宗教联盟的形式出现。宗教联盟是一部分城邦用宗教的名义来号召和组织的若干国家的联盟，宗教在这里起了一个纽带作用。在当时希腊人的意识中，认为他们都是神的子孙，追溯到最后，任何一个国家和其他国家皆有血缘关系。如果凭借这种宗教的血缘关系来达到彼此经济和政治上联盟的要求，是最合理想最方便的条件。即使几个国家的神祖万一实在无法联系，也没有关系，因为神是可以由人来假设的。因此宗教联盟表面上看来好像只是一种宗教关系的结合，而实质上这种结合是有它经济的基础和政治的目的。

由于工商业的发展，国与国之间的贸易日渐频繁，宗教联盟就是要达到便利国与国之间交换的目的，定出固定的日期，在固定的地方，大家进行贸易。另一方面阶级国家出现以后，战争日益增加和剧烈，各国统治阶级除了加强对本国人民的剥削外，更要向外扩充统治的地盘，直接掠夺其他国家的财富，同时统治阶级又为了自己的安全，希望和别的国家联合起来对外，因此组织了联盟。联盟的组织，可以使几个盟国之间的关系获得暂时的稳定，在比较稳定的局面下，生产事业可以获得更快发展的条件。

宗教联盟以一个神庙为其盟址，被选为盟址的神庙，大都位于交通要道，或在经济发展上有其重要的地位。盟址选定以后，盟国每年要按一定的时期去祭神。所谓祭神不过是一个号召的名义而已，实际上主要是为了贸易，贸易完毕后，才谈盟中的问题。

规模较大维持时间较长的联盟有狄娄（Delos）、牒尔菲

（Delphoi）、克里特等联盟。

狄娄联盟是爱琴海南部岛群以狄娄岛为中心所组织的几个爱欧尼亚人的岛国的联盟。狄娄岛上有一金陀山（Cynthos），山上有一个为希腊世界所公认的亚波郎神庙，这就是狄娄联盟的盟址。公元前七〇〇年左右，是狄娄联盟的极盛时期，爱琴海西岸的爱欧尼亚国家大都加入了此联盟。

牒尔菲地方是希腊半岛的中心，它附近的十二个国家组成了牒尔菲联盟，所以此联盟一共有十二个会员国，每国派五个代表参加联盟会议，其中四个代表是辩论员，另外一个是投票员，投票员听取了各辩论员的意见后，投票作最后的决定。

最早的国际法是从牒尔菲联盟中出现的，他们的国际法有二点：

（一）会员国之间如果发生了战争，战胜的一方绝不把战败国毁灭。

（二）无论平时或战时绝不断绝任何会员国的水源。

牒尔菲地方有一亚波郎神庙，这是全希腊人所公认的一个最灵验的亚波郎庙，希腊各国如遇一件大事或个人有什么问题都向神请示，这个神庙的神签最为希腊人所信仰。

克里特联盟是城邦时代初期在克里特地方组织的联盟，参加此联盟的有诺索斯、郭提那、凯当尼亚等许多城邦。克里特联盟中的组织条例有二点：第一，共同对外；第二，联盟各国共同组织联盟法庭，处理盟国之间的纠纷，其目的在避免战争。但在阶级社会中，任何避免战争的办法都是徒然无用的，因为战争就是阶级社会的必然产物，因此，克里特联盟的盟国之间，仍然时常发生战争，联盟法庭的作用是极其有限的。

国际关系不断的发展，渐渐的大家有了一种公认的法律出现，相当于现在的国际公法。当时国际公认的法律重要的有以下几方面:

（一）改变王制时代认为海盗是一种荣誉的职业的看法，海盗的行为是不合法的。除了用强大的海军力量来制裁海上盗劫的行动外，并且在舆论上极力反对，例如在各城邦中许多人民在演说时都攻击之。

（二）条约制度出现了。最早订立条约的国家是哈梯与埃及，中国在很早的时候也有条约出现。希腊的发展比较晚，到城邦时代才开始用明文规定二国之间的关系，条约中常常提到贸易问题，但其中最主要的一条是关于一定时期内二国的和平问题。他们喜欢用“百年”这一名词，实际上当然不可能维持这么长久，但双方订立了条约后，战争的确减少了些。

（三）如果二国之间发生了纠纷，双方可以请第三者来公断，第三者可以是双方公认来解决问题的另一国政府，也可以是一个被认为最公正的个人。这种办法在希腊实行得很好，根据今天所知，在希腊对二者的公断，大都是接受或遵行的。

（四）关于战俘与阵亡将士的待遇问题。在王制时代晚期战俘仍然大部甚至全部被杀，阵亡将士的尸体也被敌方撕裂，有时还拿去喂犬鸟。现在认为这样做是不对的，因此开始协商出一个公认的合理的待遇办法。现在战俘可以用钱赎回，只有在敌方过期仍未来赎取的情况下，才能把战俘作为自己的奴隶或卖给别人为奴。阵亡将士之尸体也可以收回埋葬，希腊人深信人死后要好好地埋葬，其灵魂才能安然地生活于阴间，因此极力反对虐待死人的尸体。

国际公法的出现，是希腊各地经济向上发展、生产力提高、交换增加和扩大、各地区关系密切起来的结果，它的作用是要维持国际间比较安定的局面，用大家公认的条例，来限制或避免战争。

国际关系表现在另一个重要方面是国际运动大会的召开。希腊人喜爱体育运动，各城邦除了在国内的许多体育活动外，又在一定的时期和一定的地点举行邦际的国际运动，有时甚至全希腊所有的城邦都参加，较大的国际运动会有四，皆以宗教为名。

（一）牒尔菲运动会 此运动会开始于什么时候，今天尚不清楚。最初参加牒尔菲运动会的只是牒尔菲地方附近的一些城邦，但到了公元前五九〇年以后，参加的城邦愈来愈多，后来几乎发展成为全希腊世界的运动会。

（二）科林陀地峡运动会 据传说此运动会是公元前五八二年开始的，在一大海湾中海神波赛荡的神庙附近举行。

（三）尼米亚运动会 尼米亚（Nemea）城中有一丢斯神庙，此运动会即以崇拜丢斯为名，在这里召开，传说开始于公元前五七三年。

（四）欧林匹亚运动会 欧林匹亚（Olympia）是埃里（Elis）城外一平原之名，平原上的密林中有一丢斯神庙，运动会即在此召开，后来全希腊的城邦都参加了这一运动会。

相传欧林匹亚运动会的来历甚早，王制时代已开始。据今所知，公元前八二〇年左右，它已经有了很重要的地位，从公元前七七六年开始已有在比赛中获胜的人的成绩记录。欧林匹亚运动会每四年召开一次，后来全希腊以此作为大家共同的纪年。

欧林匹亚运动会的内容比其他运动会皆丰富，除了体育竞赛以外，还有文艺竞赛。体育竞赛包括完全是人力的比赛，例如角力、赛跑、掷铁饼、投标枪等；以及人马合作的节目，如驾车竞赛和骑马竞赛等。文艺竞赛的内容有音乐和诗歌，音乐是奏乐比赛，诗歌是用朗诵或歌唱的形式表演出来。它可以是诗人自己的作品，也可以是古典的名著。

一般运动会大都没有文艺竞赛。竞赛的优胜者能获得以下的荣誉：

（一）桂冠，得到桂冠是荣誉的事情。

（二）每次获得优胜成绩的人，他的名字就被列入欧林匹亚神庙里的名册中。

（三）在本国剧场中的少数荣誉座位中占一席，这荣誉座位原是为国家官吏或名流人物所设。

国际运动大会在当时是有它重要意义的。首先对统治阶级来说，运动会可以提倡尚武的风气，训练作战的技能。在当时运动的技能与作战的技能可以说是一件事情，这种训练对统治阶级的子弟又可以起一种刺激和鼓励的作用。运动会又是各城邦间的一种和平竞赛大会。各城邦至少是各个重要的城邦都要派政府官吏出席，每一次的国际运动会，开会期间如有战争未结束，双方必须无条件的停战，因此国际运动大会又是各国政府和平相会的场所。对整个希腊来说，运动会使希腊人在思想意识上虽然是较模糊的，但有一种趋向一致的统一观念。这种意识上的统一观念，通过运动大会在希腊各地文化艺术不断交流的情况下，获得进一步的发展。在经济发展的基础上，产生了宗教联盟、国际联盟等组织，但这种发展还不能够克服各区域分割的自然条件，因此统一的趋向虽然已在意识上表现出来，但在政治上还不能具体地做到。意识上统一的趋向，一方面固然是希腊历史发展的产物，但它反过来影响了希腊历史的发展，后来希腊各城邦在外族入侵的紧急关头，尚能团结一致抗敌，是与希腊人趋向于统一的意识不可分的。

以上是城邦时代初期希腊各城邦总的发展情况，下面要谈到关于个别城邦的发展。

四、重要城邦之发展

A 斯巴达（Sparta）

斯巴达的历史知道的不多。在王制时代它已经是拉康尼卡（Laconice）州最强大的国家，开始向外扩充领土，大约在公元前八〇〇年左右统一了拉康尼卡州。后来又侵略梅森尼亚(Messenia)，第一次失败，到了公元前七世纪发生了第二次对梅森尼亚的战争(大约是公元前六五〇年至公元前六三〇年之间），前后二十年，最后将梅森尼亚人完全征服。部分的梅森尼亚人逃亡到西西里建立了国家，其余的皆被斯巴达奴役，斯巴达称他们为希洛人（Herotes）。

向外侵略的同时，斯巴达的内部政治也发生了变化，在第二次梅森尼亚战争结束以后，有一次变法（大约在公元前六一〇年），斯巴达人自称这次变法为“良法”。这次变法不过是结束过去的发展，将斯巴达变成一个彻底的军国主义国家。全国公民被组成为一个时刻有作战准备的军队，这一军队是永远不解散的，用以防备所有被斯巴达征服的人的反抗。

据传说，此次变法是由厉克谷（Lycurgos）所发动，并说厉克谷是公元前九世纪的人。这种说法完全是以后的附会，因为根本就没有厉克谷这样一个人，他是神话中的一个小神，变法时可能假托他的名义。

变法以后，斯巴达的统治阶级称为“斯巴达人”（Spatiates）。他们在残余的原始公社基础上建立了一个军事组织，每一个斯巴达人家族由国家分配一定数量的土地及经营土地的奴隶，斯巴达人是不从事任何生产劳动的，他们认为唯一光荣的事情就是作战，作战以外的一切体力劳动，都被认为是卑贱可耻的。

被统治阶级有二种人，一种是庶民（Perioecoe），一种是奴隶。庶民也是被斯巴达人征服的人，不过所受的待遇比较宽大，他们有人身的自由，并被允许保留自己的财产。庶民中的多数是农民，但在靠海的地方也有些商人及手工业者。他们在政治上都没有任何的地位，并且每年要按一定的规定向斯巴达纳贡。另一种被统治的人即奴隶，就是上面所说的希洛人。原来“希洛”（Helos）可能是一个城的名称。被斯巴达征服后，斯巴达称全城的人为希洛人，加以奴役，后来斯巴达将希洛人这一名称扩大成为对所有被他们奴役的人的总称。

希洛人完全是土地上的奴隶，属国家所有，由国家分配给每一个斯巴达人来从事耕种土地的工作，每年向主人纳税，除此之外，希洛人有义务去做主人或国家随时指派他们去做的工作。对奴隶的出卖或释放的权利并不操在主人手中，而是由国家掌握。希洛人时常起来反抗，斯巴达对他们的镇压是十分残酷的，有所谓“屠奴制”，即由政府派青年的斯巴达人下乡，在夜里活动，遇到希洛人就杀，尤其是杀害那些身体健壮意志坚强的希洛人，斯巴达人想用这种残酷的手段和制造恐怖的办法来制止希洛人的反抗。

斯巴达人为了维持自己的统治地位，镇压被统治者的反抗，建立了一套军国主义的教育办法，来训练斯巴达人。每个斯巴达人出生以后，父母就把他送到长老处，由长老最后决定他是否留下抚养，比较孱弱或有其他原因不予抚养的婴儿，将被抛弃在斯巴达城外的山谷中。这种弃婴的现象，世界各地从原始社会进入奴隶社会时，大都出现过，但只有斯巴达实行得最彻底。

小孩在七岁以前，由父母抚养，七岁到十八岁脱离家庭生活，由国家负责给予严格的军事训练。这是一种艰苦的集体生活，吃的是粗粝，有时甚至要靠偷窃来获得食物，一年四季皆以单衣蔽身。每年全受训的儿童都要到亚特弥（Artemis）神庙去，伏在神的面前忍受鞭打的痛苦，不准呻吟和告饶，据当时记载，有些儿童鞭打至死而始终不出一声。除了用种种的办法来锻炼和培养儿童坚忍耐苦的能力外，还教育儿童养成寡言笑的习惯，尤其在长辈面前，不许随便多说，回答问题要精简明确。这样训练的结果，儿童都变成了机器人，根本不可能有自己的意志，但训练的目的，就是为了培养具有以上条件的在作战时能英勇牺牲的战士。

一般斯巴达人都不在家里吃饭，他们将希洛人所缴纳的东西大部交给国家，由国家组织公共食堂，因此每个斯巴达人很少过家庭的生活。

变法后斯巴达的政治制度是这样的：他们有二个国王，由二个王族中选举出来（最初是家族世袭，王都由选举产生），王在政治问题上权力是很小的，只有在作战的时候，王是统管军队的最高统帅，有无限权力。平时王虽然享受很大的尊敬，但实权为少数贵族大家族所把持的元老院和执政院二个统治机构掌握。元老院有二十八个元老，元老由显贵氏族中六十岁以上的成员中选出，任期是终身的，他们提出各种与国家有关的大事来讨论，并作决定。元老院的决议由执行院来执行，执行院有五个执政官负责办理国家的行政工作，实际上他们是斯巴达政治上最有权力的人，国王亦受其监督。国王如果犯了法，就要由执政官来审理，甚至有些国王被执政官判处了死刑。

此外还有国民议会的组织。全体公民中的男子，年满三十岁以上就可以参加国民议会，执政官就由此议会产生。议会无讨论问题的权力，但听取王向他们报告关于元老院的决议后，有同意或拒绝的权力。他们表示态度的时候，不是用投票或举手的方式，而是高喊可否，如果议员中的意见不一致，则看哪方面声音强大来决定。

斯巴达的“斯巴达人”人数已经很少，而政权又控制在少数斯巴达人手中，他们的政治组织情况一直到后来并没有多大的变化。斯巴达在变法后继续向外扩张，公元前五五〇年以后，斯巴达成为丕娄波尼索之盟主，但公元前六一〇年到公元前五五〇年之间，虽然半岛上大部分国家是被斯巴达用武力征服的，但也有部分的国家是由于外交交涉的结果，承认了斯巴达的盟主地位。公元前五五〇年左右，才有正式的联盟组织出现。

参加联盟的各盟邦的权利和义务有以下几点：

（一）不得干涉盟邦内政。但实际上，斯巴达对各国内政有时还是加以干涉，尤其是对于有僭主或民主政治出现的城邦，斯巴达总是想尽办法进行破坏，因为僭政和民主政治对一般自由人比较有利，这是斯巴达所反对的。同时斯巴达对野心较大、有脱离斯巴达控制嫌疑的盟邦，也进行干涉。

（二）全联盟在讨论对外政策时的地位都是平等的。但这一点只是在形式上做到了，实际上斯巴达所提出的意见，当然会受到特别的重视。

（三）军事义务方面，全联盟作战时，各盟邦要拿出全国军队的三分之二共同组织联盟军对外作战，如作战需要军费，各盟邦按自己的力量由联盟最后决定缴纳的数目（各盟邦在财政上只有这一点义务，各盟邦并不向联盟或斯巴达纳贡）。

B 雅典（Athenai）—— 民主政治的代表

公元前七〇〇年以前，雅典已开始用武力征服或用外交交涉的办法来向外扩充领土（用外交交涉不用武力的时候更多些）。大约在公元前七〇〇年左右，雅典向外扩张领土的阶段开始告一结束，这时统一了雅提卡州，成为希腊半岛上一大国家。

雅典国内有四种社会阶级：

（一）贵族。他们掌握了政权，有大量土地。

（二）农民。一般的自由农，公元前七〇〇年以后，人数还相当多，但其中已有不少因债务关系丧失了土地，甚至还有一部人丧失了人身的自由。

（三）手工业者。在经济斗争中失败的农民，有些进入城市向手工业方面发展，公元前七〇〇年左右，集中在雅典城内的手工业者数目已相当大。就生活来说，他们比农民好得多，丧失人身自由的危险也不大，甚至有一部分人还买了奴隶来替自己劳动，但他们在政治上和农民一样并无权利。

手工业者还有一部分是外侨，他们大都是因为雅典地方发展工商业的条件较好，从外地迁来。外侨一般都没有政治权利，他们和他们的子孙都不能算为雅典公民。

（四）奴隶。王制时代已经开始有奴隶，但数目不多。雅典只有手工业的生产基本上是奴隶劳动，虽然手工业的生产中有一部分的自由人，但奴隶劳动愈来愈占重要的地位，数目也愈来愈多。在农业方面发展的情形不一致，总的看来一般农业生产使用奴隶劳动也日渐普遍，尤其一些大农场甚至基本上要靠奴隶来经营，一般自由农民有时也用奴隶来帮助自己耕种，但奴隶数目大概不多，主要的还是自己参加生产。

公元前六五〇年前，雅典的王权已经消灭，王完全变成了傀儡，大奴隶主在政治上完全获得了胜利，王本人虽然也是大贵族奴隶主，但他为了长远利益，限制贵族的任意活动而遭到了反对，最后失败。代替王来执政的是执政官。执政官的人数不详，他们是由贵族选举产生的，其任期是终身的，但后来修改订为十年一选，到公元前六八二年雅典有一次政治改革，改革的具体内容，今天知道得比较清楚。

改革后的执政官一共九人，任期一年，九个执政官又分成四种人。为首的是主席执政（雅典自公元前六八二年以后开始以主席执政的名字纪年）。另外有执政王，这是国家最高之主祭官，但不能过问其他政务。军事执政是作战时最高统帅。其他六人是法官，称执政法官。

除执政官的机构外，另外还有元老院和国民议会。元老院为大奴隶主所组成，执政官由它选举产生，故执政官是在元老们控制下执行实际的行政事务的，实际上元老院才是全国最高的统治机构。国民议会的实权完全为元老院所夺，开会的次数很少，即使开会也不过是追认元老院的决议而已。

公元前七世纪以后，雅典的阶级斗争日益剧烈。政权为少数奴隶主所把持，一般人民在政治上没有权利。农民随时都可能丧失土地及人身自由变成奴隶，城市中的手工业者和商人，就其生活情况来讲，比农民稍好，但在政治上也没有地位。大奴隶主对人民，尤其是对农民的压迫日益残酷，故时常引起雅典内部的政治斗争，甚至发生内战。奴隶主阶级总是用传统的习惯法来作为剥削统治人民的一个凭借，当时这种法是没有写出来的，随便由统治阶级来说。人民为了避免统治阶级的随便杜撰，要求将法写出来，因此在公元前七世纪晚期发生了一次斗争。由于人民势力的强大，统治阶级只得让步，允许将法写出，公元前六二一年双方同意由执政官德拉康（Dracon）来编写法典。当法典公布后，引起了全国人民的反对，因为法典的内容，完全是维护和保障统治阶级利益的。其中最显著的是对私有财产的保护，在法典中规定任何的盗窃罪都要判处死刑，此外法典中还有许多对人民不利的条文。因此，这次所谓变法并没有解决人民的任何问题。

公元前六二一年以后，雅典不断发生内战，到公元前五九四年索伦（Solon）再次变法。索伦是公元前五九四年的主席执政，看到当时阶级矛盾的尖锐，统治阶级处在将被推翻的情况下，故起来变法。他认为必须对人民作些让步，才能来缓和阶级矛盾，挽救统治阶级的危机。索伦得到人民和统治阶级双方的同意，制定了雅典国家整套新的政治制度。

变法内容大致于下：

（一）解免法

（1）取消一切债务（当时几乎每一个农民都欠了债）。

（2）过去由于债务关系而转移的土地一律无条件的归还原主。

（3）由于债务关系而变为奴隶的人一律恢复自由。

（4）由于债务关系被卖在国外为奴的，由国库出钱赎回成为自由人。

（5）今后禁止一切以人身为债务抵押的办法。

（二）社会阶级的重新划分

索伦将全国人民划分为四个阶级：

（1）五百石级：一个人的土地每年平均产五百石粮食属第一级。

（2）骑士级：有资格进入骑兵队，并能自备战马者。

（3）耦牲级：能买二头牲口来耕田的人，属第三级，这表示他有相当的土地，因为雅典是用二个骡子来耦耕的。

（4）劳农级：这是每年收获量甚少，甚至自己没有土地的贫雇农阶级，但也包括一切不从事农业经营的手工业者和商人在内。这一点可以说明索伦的变法只承认农业上的收入，不承认工商业方面的收入，也就是说雅典工商业者的地位，在这个时候是很低下的。

在政治上，以上四个阶级的权利和义务各不相同。

（三）政治改革

（1）将过去名存实亡的国民议会恢复活动，并使其掌握选举执政官的实权，同时国民议会对四百人会的决议案也有最后之可否权。

（2）成立一个新机构四百人会。它建立在雅典原来部落之基础上，每一部落选一百人，共四百人组成大会，这是全国最高的政权机关，国家一切大事皆由四百人会讨论和决定，然后向国民议会报告。

（3）过去元老院没有一定的组织办法，现在规定退职之执政官皆入元老院为元老。元老院过去决议国家大事之权现在被取消了，它的具体任务是监督现任的国家官吏和法律之执行，故实际上元老院仍有干预政治的权力。

（4）成立人民法庭，由原来六个司法执政官用抽签的办法在全国公民中抽出六千人来组成，这六千人便是今年人民法庭的法官，每次开庭再由六千人中抽选，这是全国的最高法院，任何案件的最后上诉机关。

（5）选举权与被选举权的问题。选举权归全体公民，但被选权仍有阶级的差别，只有第一级的人才可以被选为执政官，也就是说只有第一级的人才能当元老，只有前三级的人才能被选入四百人会，一般公民只能参加国民议会和做人民法庭的法官。

索伦变法扩大了政权基础，过去为少数大奴隶主所把持的国家机器，现在扩大到中级奴隶主也能直接参加到国家政权中去，和大奴隶主合主国家政治。贫雇农作为一个阶级来讲，情况依然和过去一样。已经恢复了自由的奴隶并没有获得土地，只是徒有人身自由的空名，生活仍无着落。手工业者和商人地位并无改善，仍然没有获得政治权利。索伦变法虽然是代表奴隶主阶级的改革，不能彻底解决阶级矛盾，但多少缓和了阶级的矛盾，麻痹了一般人民的反抗情绪。对一般人民的实际利益，从长远看来，并没有照顾到。解免法虽然将人民当时及过去长时期最大的切身痛苦解除了，但对未来并没任何实际的好处。人民虽然有了选举权，但没有被选举权——这是最重要的，人民唯一可说得到实际利益的是获得了人民法庭的上诉权，这对限制大奴隶主对人民的压迫多少起了一些作用。

索伦变法实际上是站在统治阶级立场，企图缓和阶级矛盾，长远维持和巩固统治阶级统治地位的一种改革。但少数大奴隶主没有看到这一点，他们认为索伦变法对他们的限制太多了，至少不能再像以前那样为所欲为。因此在公元前五九四年以后，虽然由于人民的反抗意志被削弱，雅典的阶级斗争比过去缓和了，但经常仍有问题发生，奴隶主阶级想尽办法来推翻索伦变法后的现状。在这种情况下，出现了皮西斯查陀（Peisistratos）的僭政（公元前五六一—公元前五一〇年）。

皮西斯查陀表示同情人民，得到了人民的拥护，他利用卫队夺取了政权，一共作了三十四年僭主。公元前五二七到公元前五一〇年，他的二个儿子相继作僭主。皮西斯查陀作僭主时（公元前五六一—公元前五二七年）曾经二次被贵族驱逐在外，但得到人民的拥护回国。

皮西斯查陀在僭政时期形式上保留了一切旧的制度，但实际上他操纵了一切大权。为了满足工商业者的要求，他大力提倡工商业，虽然在理论上有许多活动是不允许工商业者参加的，但他给予他们许多实际上的特权，因此，索伦的四种阶级制度虽然没有改变，工商业者的地位却大大地提高了。皮西斯查陀也解除了贫雇农和佃农的部分痛苦，他以国家的名义，没收了在政治上反对他的一些流亡者的土地，把这些土地分给了农民。

在意识形态方面，皮西斯查陀也有新的措施。他提倡人民的戴昂尼索（Dionysos）宗教，反对和打击为贵族所把持的旧宗教。在戴昂尼索宗教的活动下，开始出现了雅典的戏剧。雅典后来成为全希腊戏剧艺术的中心，与皮西斯查陀的提倡和推动有密切关系。皮西斯查陀作僭主时，在各地召集了许多诗人到雅典来，将荷马的史诗写出。荷马史诗在此以后还有一些小的变化，但从这时候开始，已经有了基本的定本。

皮西斯查陀完成了索伦变法中所没有完成的部分，他更进一步地缓和了阶级矛盾。虽然这种僭政就其立场上来说是站在统治阶级方面的，但在当时对人民还是比较有利，因此引起了贵族的反对。皮西斯查陀死后，他的二个儿子继位，其中有一个很残暴，贵族乘机鼓动人民起来反抗，暴君被杀，到公元前五一〇年，这一家人的僭政结束。

僭政被推翻后，名义上说是恢复索伦的制度，但实际上贵族企图恢复过去少数大贵族的统治。公元前五一〇到公元前五〇八年，雅典又发生了不断的政治斗争，最后人民获得胜利，拥护一个站在人民方面的贵族克莱提尼（Cleisthenes）出来变法。变法从公元前五〇八年开始，经过许多曲折，贵族甚至勾结斯巴达方面的力量来反对，但公元前五〇八年和公元前五〇六年前后二次斯巴达的干涉军都遭到了失败。公元前五〇六年以后，仍有波折，直到公元前五〇一年左右，克莱提尼的变法始完成。

克莱提尼的变法是一个比较彻底的社会改革。他废除了雅典原有的四个部落，然后按地区把全国划分为十个部落，每一个新的部落由十个区（Demos）组成，区就是原来公社的意思，但公社是一个血缘的集团，区是以地区来划分的一个新的单位。

在政治方面，克莱提尼将四百人会改为五百人会，这是由每一个新的部落用抽签的方式选取出来的五十人，十个部落共五百人所组成的会议。五百人会是最高的机关，比过去四百人会的权力更大，它监督所有行政机关和国家官吏。元老院虽然保留，但已无任何实权。国民议会和人民法庭在机构上和组织上仍照旧，但实际上国民议会已有很大的变化，因为现在最高的政治权力为五百人会所掌握，所以它已经不像以前那样重要了。

在行政制度方面，执政官仍为九人，不过另外由每个部族选取出一个将军出来（共十人）。将军是部落的代表，在作战时是军事统帅，统率各部落所组成的军队，因此原来九执政中的军事执政现在只剩下一个空的头衔，而不再掌握实权了。除此之外，将军也管理国家的政事，他们的地位日益重要。

公元前五〇一年以后，规定了一种政治流放制。根据此制度，国民议会每年得召开一次讨论流放问题的特别会，到会人数达六千人，会议即称有效。在此会中为多数人所反对的公民就要被放逐，十年以后才能回国，被放逐者的公民身份并不取消，财产也不予没收。这一制度是为了避免国内的政治斗争，尤其是为了避免因政治斗争而引起的战争，因为当政者将反对自己的人放逐出国，他们就不能在国内从事推翻自己政权的活动了。被放逐的人大都是领导人物，因此在雅典人心目中认为被放逐是一件光荣的事情。据记载，政治流放制一直到公元前四一七年才废止。

经过克莱提尼的变法，雅典的民主政治成立了。雅典民主政治，就其民主方面来讲，是有进步意义的，原有的旧的部落组织已被破坏，替代以新的按地区划分的部落组织。这样使有长期历史根据的血缘集团中有统治威望的贵族大奴隶主，无法再把持部落中的政权，从而取消了贵族大奴隶主过去的专政制度，政权完全公开。

但另一方面，雅典的民主政治还是少数人的民主政治。我们根据今日尚存的一些史料来估计，雅典在最强盛的时候，全国公民不过九万人，外侨四万五千人，奴隶三十六万人，而民主政治的政权，只属于九万个雅典公民。这九万个公民的政权，实际上又受到许多限制，最重要的有三点：

（一）农村中的农民，居处离雅典城较远，生活劳碌，很少有机会到城中去享受他们的政治权利。

（二）国家官吏是没有报酬的，因此贫穷的人没有能力来为国家工作。公元前五〇〇年以后，才定出一种薪俸制度，但薪俸的数目甚少，一般平民为了自己的生活问题，仍不敢当选。

（三）公民中的妇女并没有政治地位，不能享有公民的政治权利。

从以上各方面来看，雅典的民主政治是少数奴隶所有者的民主政治，这是奴隶社会民主政治的特点。

C 罗马（Roma）

关于罗马早期的历史我们知道的也不多，希腊殖民时期，它接受了希腊的文化，因此在文化上等于是希腊的殖民地。

据后世传说，罗马城在公元前七五三年建立，这一说法大概不确实，但罗马人自己很相信，故以公元前七五三年作为罗马纪元元年。后来罗马征服了整个地中海世界，罗马纪年渐渐通行于全欧洲，一直到中古以后，才替代以今日所用的基督教纪年。

公元前五〇〇年以前，罗马的社会情况，据推测在早期它是氏族社会，由家族组成十个氏族，氏族再组成宗族，据说再由十个宗族组成一个部落。在氏族社会转入奴隶社会时，罗马有三个部落。国家出现时，社会上开始出现贵族与平民二个阶级。贵族阶级自称为“罗马人民”，平民的地位相当于斯巴达的庶民，他们有人身的自由和自己的财产，但是没有公民权，他们大概是当初被征服的部族。

此外在很早的时候，产生了一种门客制度。许多贫民投到贵族门下作门客，贵族称为门主，门主与门客之间有隶属的关系，门主照顾门客的最低生活，有时候提拔他们。

关于政治制度，以王为中心，王由选举产生，任期终身，国家大事皆操持于王的手中。王以外有元老院和宗族议会，元老院共一百人，它是王的咨询机关，没有行政权。

宗族议会，是贵族的机构，王由它来选举产生，王产生后，由它来授予王以王权，王权包括行政权、治军权和占卜权。

王制时代罗马曾被北方的伊楚斯科人所征服，伊楚斯科人有好几代人作了罗马的王。据传说他们的统治因为王残暴的缘故，在公元前五〇九年被推翻，不久成立了共和国。这一类历史的确切年代今天尚不能知道，我们只能作估计，大约是在公元前五〇〇年前后。

传说公元前五〇九年以后，罗马的政治制度，是以行政官替代了王。经常的行政官有二人称执政，由全体人民从贵族中选出，选出后执行王权，任期一年，次年再改选。二执政的权力完全平等，二人可以互相否决对方任何的措施，但不能互相命令，他们之间起一个牵制的作用。另外在非常时期还有一种行政官叫专政，大都在国家危急之时，由元老院作选举专政的决定，然后二执政任命一人作专政。专政接受任命以后，全国一切机关全部停止活动，由他一人实行独裁，但专政当政是有期限的，最多不能超过六个月。

这时元老院的组织和以前不同，元老人数增加到三百人，仍为终身任职，他们都是氏族与宗族之长老。过去元老的产生大约是由王来指定，现在改由执政指派，原则上只有贵族阶级的人才能作元老。但据传说，公元前五〇九年以后，开始有少数平民中的富人被指派为元老（但富有的平民仍不能做官）。元老院仍为咨询机关，一切法令一定要经元老院承认后方始有效，同时元老院有承认国家官吏候选员之权。在对外关系上，也要由元老院来作最后的决定。

共和国成立以后，宗族议会原有的权力，几乎完全丧失。只有在执政选出以后，由它正式授予执政最高之统治权，这完全是形式上的权力，实际上已经没有什么重要意义了。

这时成立了一个军团议会。据传说军团中有贵族也有平民，但占优势的仍然是贵族。这是一个用军队方式组成的全民机构，取得了过去宗族议会的全部权力，最主要的是选举执政，讨论和决定国家大事，决定的议案提交元老院批准后即成国家正式之法令。

另一个新机构是平民协会。这只是贫民组织的机关，不能算是国家的政治机构。它可以开会讨论问题并通过决议案，但其决议只由平民遵守奉行，贵族并不包括在内。平民协会的长官有平民部正和平民庙守。前者是原有部落军团的长官，平时也作平民的长官，是平民协会的主席；平民庙守是管理平民农神神庙的人，同时他兼管平民的财政，因此平民协会的公款就放在农神神庙中。

此外还有部落会议。这一全民组成之机构成立较晚，成立初，罗马部落已增至二十个，后来很快的又增加到三十五个。议会讨论议案进行投票是以部落为单位。

总结以上来看，从王制时代传下来的宗族议会此时已丧失实权。平民协会完全是平民的机构，但只能管理平民，并不能直接管理国家政务。军团议会是贵族占优势，部落议会是平民占优势，这二个议会之间的关系如何？也就是说究竟谁掌握了国家大权，它们的职权如何划分？今天还没有得到可靠的史料来说明这些问题，但从实际情况来看，军团议会比较占优势，实质上掌握了政权。

关于奴隶的问题

公元前五〇〇年左右，罗马已经开始有了奴隶，但人数极少，而且未与生产相结合。公元前五〇〇年以后，罗马内部生产力的迅速发展，阶级矛盾日益尖锐，贵族统治阶级为了缓和阶级矛盾，发动了对外侵略战争，在战争中俘虏的人变成了奴隶后，奴隶制度才开始大盛起来。

这里我们主要讲的是关于希腊的奴隶问题。

希腊的落后地区的奴隶问题，可以以克里特岛为例来说明。所谓落后地区就是指已经有了阶级分化，国家已经出现，但还处在比较低级的阶段，统治阶级的剥削还不太残酷的地区。

铎利亚人彻底的破坏克里特岛以后，给予克里特岛十分严重的打击。由于整个经济基础的摧毁，本身物质条件较差的克里特在短时期内无法恢复其元气，因此，在上古时代的历史上，它不再占重要的地位。希腊王制时代爱琴海世界的经济政治重心转移到爱琴海的东西二岸，这时克里特岛在爱琴海世界中已丧失了它过去的地位，反而变成一个边远的地区。克里特岛原来是靠商业繁荣起来的。在爱琴海东西二岸未开发前，克里特岛因地理形势有发展成为商业中心的良好条件，同时爱琴海上其他岛屿大都未曾开发，因此克里特岛成为东地中海世界的商业中心。但克里特岛就物质条件来讲，例如粮食、工业原料等大都要仰赖外地的供应，所以当爱琴海东西岸经济条件较优越的地区一旦开发以后，克里特是无法与之竞争的，加上克里特岛又遭受过铎利亚人残酷的摧毁，它的地位自要一落千丈了。

公元前六世纪以后，希腊的城邦制度，开始在克里特岛出现，克里特岛的每一个城邦国家的社会机构、政治组织大致相同。社会阶级有统治者和被统治者。统治阶级是原来的铎利亚人，他们是国家的公民，也是战士。被统治阶级是被征服的当地人，他们的身份是一种类似农奴的奴隶。其中又可以分成二类，一类是由国家支配经营国家土地的国奴；另一类是私奴，一般皆替公民个人经营土地。无论国奴或私奴，就其实际剥削关系来讲，与农奴的地位很相近似。他们每年向国家或公民个人缴纳一定的租额，同时他们有自己的私产，有合法的婚姻权，可以组织家庭。另外还有一种特殊的权利，就是当主人去世，如果没有儿子时，奴隶可以继承主人的财产。但奴隶绝不能携带武器，没有当兵的资格，不能在国家的公共体育场内参加体育活动。

克里特的公民都受军事训练，但不如斯巴达人那样严格，他们也有公共食堂。

在政治方面，进入城邦时代以后的克里特，已经消灭了王，新的政治组织如下：

（一）执政，一般有十个执政，每年改选一次，被选权只限于法律规定的少数贵族家族中的人。

（二）元老院，这是执政的咨询机关，并有讨论国家大事的权力，执政退休后为当然元老。

（三）公民会议，对执政与元老对国家大事所作的报告公民会议可加以肯定或否决，但并无讨论国家大事之权。

如果从最概括的方面来看，克里特与斯巴达在军事训练、公共食堂、政治机构、社会阶级之划分等方面均相类似，但其中细节并不相同。例如克里特并没有庶民阶层，克里特岛奴隶的地位也比希洛人好，所以克里特的阶级斗争比较缓和，没有武力的暴动。在政治方面克里特与斯巴达也有不同的地方，首先是克里特没有王，在法律上明文规定了社会上的二个阶级，但斯巴达有王，在理论上自由公民间并无阶级之划分。

克里特岛上的生产是比较落后的，就对土地农奴的剥削来说，克里特采取的是农奴社会、一般农业地区所采取的剥削方式，但由于生产工具生产技术的落后，可以被剥削的东西是有限的。

在奴隶社会，被征服的人都是奴隶，征服者对当地的土地有二种处理的办法：（一）将土地全部收归国有，命令当地农民留在原地经营农业，每年用入贡方式向征服者纳租税。因此，这些地方原来的社会经济基础并没有改变，例如斯巴达、克里特就是采用这种办法。（二）征服者占有一部分所征服的土地，由自己的自由人去经营，其余地方的处理和第一种处理办法一样。在过去奴隶社会的历史阶段，一般农业地区都采用第二种方式。但生产力不断提高的结果，剩余出产品增加了，统治阶级也就更进一步地剥削人民。阶级斗争日渐尖锐，一般自由农民往往也变成了债奴，例如雅典这种情况是很明显的。这时统治阶级大量地使用战俘从事农业生产劳动，只有在这样的基础上，奴隶制度才能发展起来。如果仅靠剥削本族的人，奴隶制度是不可能有高度的发展的。此外，奴隶制的发达与否与工商业也有密切的关系。工商业发达的地方，奴隶一般都从事工商业的劳动，在这种情况下，奴隶制度能获得较高的发展。反之，工商业不发达的地方，奴隶制往往也不发达，很快地就转入了封建社会。

五、希腊文艺之兴起

城邦时代是希腊文学、艺术、科学、哲学最发达的时代，从表面上看来，这种文艺科学思想的发达基本上是少数奴隶主阶层活动的结果，但实质上全部的上层文化活动都建立在广大的奴隶劳动的基础上。

城邦时代并非所有希腊城邦的文艺思想皆获得高度的发展，少数大贵族奴隶主专政的国家例如斯巴达就是一个例外。斯巴达在公元前七世纪变法以后，不再出现过文学家和哲学家。此外还有罗马，它后来向雅典学习以后，才有模仿性的文艺思想出现。

高度文艺思想的发展在统治基础较广、所谓民主国家的城邦中出现。在城邦时代初期，以小亚细亚的城邦为主；到了城邦时代后半期，以希腊半岛、西西里、意大利南部的希腊殖民地城邦等民主制度的国家为中心。因为所谓民主制度的国家，当政的人比较多，统治阶级不是单纯的一个阶级，而分成各种不同的阶层，代表各种不同的利益，因此阶级矛盾特别复杂。文艺与哲学都是反映这些复杂的经济政治的问题，所以这些国家的文艺思想能获得较高的发展。一般地说，文艺并不解决问题，只是反映问题，但哲学除了反映问题以外，进一步要解释这些问题，最后要解决这些问题。

关于希腊文艺，首先要注意它的宗教背景。希腊文艺的发展，与宗教有密切的关联，但这里所说的宗教并非旧的传统宗教，可以说是一种新的宗教，以一个神为信仰的中心，围绕它组织一些活动，希腊文艺就是从这里产生出来。

戴昂尼索就是一个过去并不受尊敬的神，而被捧出来成为人们推崇之中心。关于戴昂尼索的来源不详，它原来可能是克里特的一个神，后来流传至希腊，到了公元前七至公元前六世纪的时候，戴昂尼索的信仰发展到希腊东北部特拉其（Thrace）地方，后来又向西向南传播，最后遍于整个希腊。

戴昂尼索是一个酒神，也是嬉乐之神。据希腊人的传说，戴昂尼索在幼年的时候，曾经被巨人杀死，尸体又被撕裂，但后来它又复活了，这是自然界生死循环，特别是五谷循环的象征。但到了后来又有一个新的意义出现，戴昂尼索是永远年轻不老的，因此他又象征着人的青春和最高的生命力。

公元前六世纪以后，崇拜戴昂尼索的人们在夜间结队向他礼拜，礼拜的方式是先在山上游行，奏乐跳舞，然后到城市的街道和广场上演奏和歌唱。一般人认为这样向神礼拜，就会吸取神的饱满的生命力，就会获得死后永生的保证。

在戴昂尼索的影响下，旧的宗教中有许多神也被它同化，例如沃非阿(Orpheus)，他本来是古代神话中的音乐神，当他奏曲的时候，一切动物甚至顽石被感动，后来他被人将其与戴昂尼索混合而成为一个神了。德弥特(Demeter)女神和它的女儿波色浮妮(Persephone，罗马称波罗色皮娜 Proserpina）在伊鲁西（Eleusis）城中受到人们特别崇拜，这是二个谷神，雅典人每年结队到伊鲁西来礼拜她们。伊鲁西由于一种今天尚不能知道的历史原因，它从很早的时期就是雅典的宗教中心，那里有神庙，礼拜就是在神庙之神堂中举行。在举行礼拜的时候是非常神秘的，既不允许旁人观看，礼拜者也决不泄露礼拜的内容。这种礼拜是象征谷物死而复生，后来又作为人死后进入乐园的保证。

以上的礼拜，纯粹是人民的活动，都是与农业有关的，这是从原始社会流传下来的。一般的自由农民在当时对自然界生死循环的道理不能了解，在他们看来，这是非常神秘的，但却又密切的与自己生活关联着。因此他们每年对大自然的现象作一种象征性的表演，这是半严肃半游戏性的，一方面表现出对自然力的恐惧心理，另一方面表现出农业庆祝的愉快。

发展到后来，过去纯粹是农业上五谷问题的祭祀，现在开始影射了许多人事问题在内，他们认为每年向神礼拜就可以获得死后永生的保障。这时候希腊人改变了过去认为死后生活黯淡无趣的看法，而觉得人死后的生活是一种很快乐的生活。这是阶级矛盾尖锐化的结果，因为人民受压迫日重，政治斗争并没有完全解决问题，因此追寻精神上之解脱，幻想死后永生之乐趣。

这种宗教活动被僭主所提倡，僭主虽然皆为贵族出身，但为了达到自己的目的，多少倾向于人民，顾及人民的一些要求。同时僭主以大力提倡新宗教的手段来打击旧的统治阶级的旧的思想意识，因此新的宗教活动日益活跃，一般人民对国家正式宗教反倒不注意了。

新宗教的发展，引起了希腊文学的一个发展——戏剧的出现。戏剧在希腊文学史上占的地位，是很重要的。

戏剧的出现与戴昂尼索神尤其与葡萄酒的关系更为直接。希腊盛产葡萄，每当每年春天时，将已酿成之酒取出，举行一大庆祝会。农民在一起唱酒歌，酒歌又称山羊之歌，因酒神有各种不同的形象，而以山羊的形象最普遍。许多人披着山羊皮来歌唱，歌唱中有道白。最初这种道白就是领队人对神的故事的叙述，后来在歌唱队中出现了一人与队长对话，这两个人有时也对唱，最后参加对白和对唱的人日多。表演渐渐也有了固定的地点，最初大都在山上，称为orchestra，这就是“场面”一词的来源。

希腊的悲剧就是从这里演变出来的，山羊之歌（tragaedia）是后来欧洲文字中“悲剧”一词的来源。每年的秋季还有第二次的庆祝大会，秋季是葡萄成熟的季节，大家结队唱歌，唱歌的队伍称comos，这种歌舞后来发展为喜剧（comoedia）。

提倡以上人民活动最有力的二个僭主是列斯博岛的丕列安德（Periander）和雅典的皮西斯查陀，前者修建了具有最初剧场形式的演出场，皮西斯查陀则将希腊第一个戏剧家帖斯皮（Thes-pis）请到雅典来，整理过去的歌舞，使它成为严谨的有固定形式的戏剧。皮西斯查陀又建立了一个半圆形的剧场，从此以后，希腊各地渐渐地又出现了正式的戏剧和剧场，公元前五〇〇年左右，有正式的戏剧家出现。

关于戏剧的题材，最初仅从人民庆祝大会中取材而已。后来戏剧家将希腊的神话历史和英雄故事按春季歌舞的形式写出，这就是悲剧。悲剧就是比较严肃的剧，与今日悲剧的意思并不尽同。稍晚又有戏剧家将当时社会上的一些人与人之间的关系或者人们日常生活的琐事用滑稽的开玩笑的对白写出来，有时加以讽刺，这就是所谓喜剧。

个人写的戏剧出现后，原来希腊歌舞队中专门对白的人和合唱团体，在舞台一旁有了固定的位置，他们并不是剧情中的人物，只是以对白和歌唱的方式来解释剧情而已。他们在舞台旁的固定位置称为场面（orchestra），剧情中人活动的地方称为戏台（scent）。戏台和场面二词后来皆为欧洲文字所采用。

公元前五〇〇年前，希腊文学除了戏剧外还有诗。当时诗的发展以爱欧尼亚为中心，因为爱欧尼亚是工商业和希腊城邦最早发达的地方，据我们今天所知当时著名的诗人有以下诸人：

卡利诺(Callinos,公元前六五〇年左右),埃弗索(Ephesos)人，他所作的诗的体裁叫哀曲（elegeia），最初哀曲的题材并非完全是悲哀的，后来才成为悲哀诗体的专有名称。卡利诺的诗主要是表现爱国主义的，传至今天最重要的一篇是《其美里人》（Cimmerii）。其美里人是经常威胁小亚细亚安全的外族，此诗启发了人民的爱国主义精神，从而鼓励了人民积极反抗其美里人的入侵。

另一个诗人特提阿（Tyrtaeus）是斯巴达人，但他在文学上受爱欧尼亚的影响很深。他的一首主要的诗是鼓励斯巴达人侵略梅森尼亚，此诗用战诗的体裁写成，但其艺术性远在卡利诺的诗之下。

索伦（公元前六三八—公元前五六八年），他的诗一部分是描写战争的，但传到今天最多的是关于变法的诗。索伦变法是为了缓和阶级矛盾，他的诗就是为了辩护和宣扬自己的这一政见。

帕娄（Paros）岛的亚其娄科（Archilochos，公元前七〇〇年左右）也是当时一位有名的诗人。他出身于贵族家庭，是贵族浪漫子弟的典型。年轻的时候，有次对外作战，他临阵脱逃，后来在希腊各地流浪，写了很多的诗，主要是描述自己流浪生活的经验及情绪，大都用哀曲的体裁写成。亚其娄科是希腊文学史上讽刺文学的创始人，所以希腊人称他讽刺之祖。他的诗充满了讽刺，有时甚至自嘲，例如有一首诗，就是对自己临阵脱逃的事情加以嘲笑的诗。亚其娄科在希腊文学上是有他重要的地位的，但就其作品来说，是反映了贵族子弟堕落的一面。

至于其他地方的文学，例如伊欧利亚文学，主要是以列斯博（Lesbos）岛为中心，著名的诗人有亚尔其阿、萨赋等人。

亚尔其阿（Alcaeus，公元前六〇〇—公元前五五〇年）早年因反对列斯博岛上的僭主被放逐出国，一直到老年时才回来，所以他的一生，都是在流浪中度过。他是希腊文学史上最早善于描写自然的诗人，例如他的名诗《冬》就是一首描写冬天大自然景色的诗。另外他也写有政治方面的诗，有一篇叫《武库》，在这首诗里，亚尔其阿将当时希腊的各种武器作了详细的描述，最后鼓励他的同党好好利用这些武器来和僭主作战。

萨赋（Sappho，公元前六〇〇年后）是希腊第一女诗人。她的诗是用伊欧利亚的方言写成的，但今希腊的人都爱读她的诗。她有“第十穆萨（Mousa）”之称，可见她当时在文学界中所享的盛誉。的确萨赋是名不虚传的，她的诗诗品甚高。除了自己写诗以外，萨赋还热心的领导了许多年轻女子组织诗社，从事文艺的活动。当时女子的生活圈子是比较小的，但她们就自己生活的世界范围写了许多诗。这些诗大都是对美丽的自然的鉴赏，和人与人之间的关系的描绘，尤其对于人世间的友谊和悲欢离合的情绪描绘得十分深刻和细致，可惜传至今天的不多。

希腊史上，甚至全部世界史上，萨赋是第一个名字传至后代的女诗人。今天文学界仍公认就其生活范围来讲，她能写出这样的诗是很难得的，今日看她的诗仍然是第一等的佳作。

此外还有铎利亚人的文学。铎利亚文学的发展与希腊戏剧发展的性质很相近，许多诗人将节日表演的歌唱写成诗，名家有亚尔克曼（Alcman，公元前六五〇年）、斯提西科娄（Stesichoros，公元前六五〇年）、亚利昂（Arion，公元前六〇〇年）。他们都是斯巴达变法以前的诗人。变法以后的斯巴达成为严格的寡头政治国家，诗声随之沉寂。

六、希腊哲学的兴起

在讲希腊哲学兴起以前，首先应该阐明哲学的基本性质及其在全部历史中的地位。

关于这二点，分以下诸问题来谈：

第一个问题：哲学概括哪些内容。

哲学概括以下三个内容：

一、宇宙观世界观。人所生活的世界性质是什么？这个问题，在今天来说是属于自然科学研究的范畴，但在最早的时候，人类并没有独立的自然科学。人对自然认识的过程，是一个长期和复杂的过程，从错误的“自然科学”发展到近代基本正确的自然科学，是人类经过了无数次对自然的斗争，不断地摸索和改进，才获得的成果。因此，在生产力低下的古代世界，人们对自然的认识，最初完全是巫术的。当时宇宙在人的心目中是神秘的，是由神的意志来控制的，而神的力量又是那么巨大和难以捉摸，因此只有用哀求欺骗等办法来获得神对人们的恩赐，来避免人力所难以克服的自然的灾害，这就是巫术。由巫术表现出来的人与神之间的关系，是人与人之间关系夸大的反映。

二、人生观。人生观与宇宙观是有着密切关系的，因为人在世界中的地位，人对世界的认识，必然影响他对人生的认识。如何来处理人与人之间的关系，也就是说对社会历史的看法如何？这是属于伦理学范畴的。

三、知识论或认识论。人如何去认识宇宙，如何去认识人以外的全部世界和人与外界的联系问题，这是属于心理学范畴的。

以上是哲学不分时代不分阶级所包括的最广泛的内容。

第二个问题：哲学的阶级性。

任何哲学都有阶级性，都是某一阶级的人代表其本阶级的观点和利益而认识宇宙、人生和社会的一种成套的理论。马克思主义的哲学，从形式上来了解的话，它具有阶级性，这一点是与历史上所有的哲学都一样。但就其实质来说，正因为它是无产阶级的哲学，代表无产阶级的阶级利益，所以它与过去所有的哲学有着根本的不同。首先因为无产阶级的阶级利益与绝大多数人的利益相符合，因此这一阶级的哲学，最能客观地反映现实。过去所有的其他哲学，皆仅能代表一部分人，总是一小部分人，因此，无论是有意或无意，它们对现实的反映，都加以歪曲，不能达到完全的客观。

无产阶级的哲学，与过去所有哲学另一个根本的不同是，过去所有哲学一般的只是解释世界，解释人生，目的是为了替现实辩护，意图长久维持统治的现状。就拿资产阶级统治来说吧，当其推翻封建社会为一革命阶级的时候，它也最多只是说出了旧现状的不合理，要建立一个新的现状，这个新的现状他们认为是永恒的，而没有不断向前的发展观念。只有无产阶级的哲学，最能够客观地正确地反映时时刻刻在运动着的自然世界和人生世界，因此，它不仅能把世界解释得最清楚，进一步它能为了人类全体利益要求改变世界和人生，让社会不断地进步，不断地向前发展。所以马克思说："哲学家只曾经在不同的方式下解释世界，问题是如何改变世界。"（《费尔巴哈论纲》第十一条）

第三个问题：哲学的阶段性。

每一阶级，当其刚兴起，仍然是上升的阶级时，它的发展与历史的发展与历史实际要求是相吻合的，因此它能够正视现实，敢于面对现实，看问题也能从实际出发。因此代表这一阶级上升发展时的哲学或多或少是唯物的，但是仍不能不受到本阶级性的限制和自然知识的限制（也就是时代的限制），不可能是今天辩证唯物的哲学。等到这一阶级的阶级统治地位稳固以后，它开始企图永恒的维持这种稳固的统治局面，这种企图与世界不停止的时刻在运动着的这一历史发展的基本规律不相符合，因此它逐渐地成为历史发展的阻碍力量。这时候这一阶级对各种问题的看法，不再由实际出发，而是由本阶级主观的与历史实际发展相违背的愿望出发，因此这一阶级的全部哲学到这时候不仅已失去其最初的唯物部分，并且日益脱离实际，成为反动的唯心哲学。它不仅有意地歪曲社会和历史，也有意地歪曲大自然，这是因为人生观分析到最后是建立在宇宙观的基础上，所以一定要有一个歪曲的宇宙观来建立其歪曲的人生观。

第四个问题：哲学的三面性。

哲学的三面性包括时代的反映、哲学自身的发展和个人的因素三个内容。

所谓时代的反映，基本上就是哲学的阶级性，因为时代的反映主要是反映该时代统治阶级的要求，当然在另一方面它也反映了人类当时对自然的认识，给予一个概括的认识。就自然科学来讲，自然科学本身应该是客观的，并无阶级性，即使是最早的巫术，也没有阶级性，我们只能说它是一种对自然认识的错觉。但所有旧的哲学，它对自然科学往往也加以曲解，例如对一个实验的解释或对自然科学的某种概括。

哲学自身的发展，是哲学的技术问题。任何一种哲学都有自己的传统，在解释事物的时候用什么方法，用什么名词……这些纯粹技术性的问题，随着历史的发展日益复杂，但一般说来，它是没有阶级性的。问题在于它与哲学三面性中时代的反映这一面很难区别，同一个问题。在此时此地是反映时代，但在彼时彼地可能是纯粹的技术性的问题。例如王阳明的哲学，在某些部分代表理学的技术性的发展，但传入日本后，有一时期风靡了日本的哲学界，成为日本统治阶级统治人民的思想工具，其中就没有什么技术问题了。意识形态的本身，往往没有固定的意义，我们只有掌握了时代的全面，才能对该时代的哲学或其他任何意识形态有一通盘的认识。不先清楚了解时代背景，而想研究哲学，不过是纯概念的游戏，这与过去中国文人玩弄琴棋书画并无二致，本身毫无价值，不过是精神的消遣而已。

关于个人因素的问题，就是说每一个哲学家，往往都有他个人的偏见——所谓主观的脾胃。这种主观的脾胃，既不客观地反映时代，又不代表哲学自身发展的过程，但它的诱惑性极大，故弄玄虚，让人感到奇怪。这是旧文人喜欢做的事情，目的是为了炫耀自己的博学和深奥，所以一不小心由于好奇心的驱使，很容易地就会让这种哲学将自己引入歧途。并非所有的哲学家都如此，但历史上不少的哲学家有这一面，而且就其作品量的方面来说，所占的比重，有时相当大。

我们在讲世界通史时，遇到哲学问题的时候，主要的只注意时代的反映这一面，关于哲学本身的发展，只有为了联贯前后二个时代才附带地提到，至于个人的因素这一方面，是完全不讲的。

希腊的哲学在古代是很发达的，同时它有西方哲学摇篮之称，这与希腊在古代没有强大教士阶级有着密切的关系。

希腊和中国在上古时代都是没有强大教士阶级的国家，因此这二个地方用科学的态度观察自然、认识自然的发展较早。有强大教士阶级的其他地方，在阶级国家出现后，教士阶级成为统治阶级的一部分。它们拿巫术的一套办法，作为愚民的工具，不准人民，甚至包括统治阶级在内有与自己不同的对自然的看法和解释。同时教士阶级的一套东西，不仅用来愚民而已，也作为统治阶级内部斗争的武器，教士与贵族争权夺利时需要仰仗自己对宗教知识的垄断作为工具。中国和希腊因为教士阶级不占优势，人们对自然的看法神秘主义的色彩较小，而是自然主义的，因此，这二个地方最早产生哲学。

公元前六世纪时，希腊就开始有了哲学，因为这时候原来基本上是农业社会的希腊世界，有了新兴阶层的工商业者出现，特别是商业资本家。他们的出现与当时占统治地位的以控制大量土地为基础的地主贵族在利益上发生了矛盾，所以新兴阶层否认从原始社会传下来的为大地主集团所把持和利用的一套旧的神话，开始用新的自然主义的观点去观察自然。这是因为商业资本家在当时是进步的阶层，对自然有比较正确的看法，结果促使了西方世界最早哲学的出现。

商业活动的本身也利于思想的发展，因为商人奔走四方，可以接触各地的奇风异俗，这样容易对自己国家原来的神话产生怀疑。但这只是一个附带的原因，一定要有前面所讲的社会情况作为基础才能发生作用。

希腊最早的哲学派别是爱欧尼亚学派，即米利陀学派，产生于公元前六世纪。

希腊最早的哲学以小亚细亚沿岸爱欧尼亚为中心，爱欧尼亚又以米利陀城为最重要。米利陀城是当时希腊世界的工商业中心城市之一，希腊、波斯、埃及，以及黑海沿岸各国间的商业，都是以它为媒介，米利陀学派就产生在这一城邦中。米利陀学派注意对自然的解释，因此在历史上称他们为物理哲学家。它们的出现，当然是由希腊本身的发展所决定的，但埃及对他们的影响很大。埃及自己没有哲学，但有丰富的实用科学知识，希腊的商人在埃及吸收了这些实用的科学知识，带回希腊后，对建立希腊早期的哲学起了推动的作用。

米利陀学派重要的哲学家有答理、亚那哥西曼德、亚那哥西米尼、皮塔哥拉和赫拉克莱陀等人。答理（Thales，公元前六三六—公元前五四六年）可以说是米利陀学派的奠基人，他也被人称为希腊科学和哲学的创始人。他是一个商家子弟，本人也是商人。同时他又是政治活动家、哲学家、天文学家、数学家等等，在天文学方面他有深刻的研究，曾经预知一次日食的日期（根据现在的推算，那一天是公元前五八五年五月二十八日）。据传说，有一次答理根据他对气象的研究，推算出某年将丰收。他将自己的钱完全购买农具，用这一具体行动来证明对自己推算的信任。后来事实也证明了答理的“先见之明”，答理在农具上的投资获得了很大的利润。

答理提出了宇宙一元论。他认为万物的基础和发源是水，地是浮在水面上的，地的周围也是水，地上所有的生物存在，是因为有水在滋养的缘故。这样，答理就否认了神是自然与人类的创造者。可惜的很，答理的作品皆失传。

答理的宇宙观，并非凭空的想象，而是完全根据实际经验和对自然实际观察所作的结论，因为答理生活在希腊世界中，与水的关系最为密切。当然答理所谓的万物由水组成，没有水就没有创造这一说法，今日看来虽然错误，但它是唯物的，所以应予肯定。

亚那哥西曼德是答理的弟子（Anaximander，公元前六一〇—公元前五四七年），作书《自然论》他认为自然最后的物质基础是无限的元气，这种无限的元气并非空气，而是无定形的、最后的、最根本的物质因素。宇宙万物皆由此变化出来，最后返回元气状态，又由它再生出其他的物，这样永久循环不已。

亚那哥西曼德认为地非平面而是长圆桶形的，人在圆桶上活动。根据这一结论，亚那哥西曼德曾经绘了一张地图，可惜已经失传。

亚那哥西曼德对地球的认识，也是从实际经验中得出的结论，因为他在地中海里航行，很容易认识到地球并非平面的这一道理（例如在海中先看见船桅再看见船只），加上地中海本身是东西长，南北狭，因此得出了椭圆形的结论。

另外亚那哥西曼德认为生物并非一直都有的，最早的生物是繁殖于水中，陆地上的生物皆由水中生物演变出来。这种天演论的观念，与海洋的生活有密切关系，虽然大部分是猜想出来的，但与今日生物学的说法大致相同。

亚那哥西曼德的学生亚那哥西米尼（Anaximenes，公元前五六〇—公元前五〇〇年）也是米利陀学派中的哲学家。他将亚那哥西曼德无限的元气的说法更发挥一步，认为自然之最后物质基础是空气，万物生于空气的永久运动，并复归于空气。

另一个哲学家皮塔哥拉（Pythagoras，公元前五八〇—公元前五五〇年）是撒摩（Samos）岛人，晚年移居于意大利的克娄唐（Croton），在该地组织了一个学社。这一学社是政治和哲学的组织，但也有宗教的因素。皮塔哥拉对数学很有研究，在数学的基础上，他研究了天文学，并得出重要的结论—— 地球和日月都是圆球形。

皮塔哥拉接受了旧的宗教，并且是宗教的热烈的卫护者。他组织的学社就很注意宗教的宣传和遵守宗教仪式。关于皮塔哥拉我们可以从二方面来认识他：基本上他是一位自然科学家，他的哲学的主要方面是根据他在自然科学上的研究所作出来的结论。他没有摆脱宗教的影响，但宗教并没有妨碍他在哲学上的发展，我们说他的哲学并非是完全唯心的。

米利陀学派的最后一人是赫拉克莱陀（Heracleitos，公元前五三六—公元前四七〇年）。赫拉克莱陀的写作很多，但都已失传，我们根据后人对他作品的摘录，知道他是一个变化论者。他认为宇宙时刻不停地在运动着，他说："人不能二次走入同一河流。"宇宙中任何现象都在不停地变化，人也是这样，所以他又说："今日之我，已非昨日之我。"无论你自己是否感觉到，总之每时每刻甚至每秒你都在变。不动的东西，例如石头，表面上好像不动，实际上也是时刻变化着，无停息的时候。宇宙间只有一个东西不变，那就是全宇宙时刻变化的自然规律，这一规律是永恒存在的。

赫拉克莱陀进一步说变化的根源是内在的矛盾和矛盾内在的斗争。音乐为什么悦耳？这是因为音乐有高低不同音调配合的缘故。海水究竟是清洁的还是不洁的？是好的还是不好？这是无法下结论的。从人的角度来看，海水是可怕的，但鱼都喝海水，并且在海中生存。赫拉克莱陀又说，禽兽靠死的草木维持生命，人吃死的禽兽，这是生死的矛盾，有生必有死，有死必有生。

万物的根源和基础，赫拉克莱陀认为是火。一切现象和物体，他都认为是火的变化的姿态，因此人类的精神活动，也被他认为与火有密切的关联。

赫拉克莱陀的伦理观念也贯穿着他的辩证法的原理。他认为善恶不是绝对的，而是相互矛盾的，但这是一个矛盾的整体。善就是克服了恶的结果，克服的过程也就是人生斗争的过程。从恶的方面来看，我们可以假定它经过斗争，就变成了善。因此没有恶，就没有善，没有善也就没有恶，二者缺一，就没有什么伦理可言了。

这是当时最科学的哲学，是根据深刻的对自然的观察所产生的结果。

米利陀学派的哲学家，都是从自然出发，得出的结论也是自然的，这是新兴商业阶层的哲学，但公元前五〇〇年左右这一派就消灭了。从历史的发展来看，他们的消灭是由于外来暴力摧毁的结果，但假定无外力的入侵，他们大概也会转变。这个摧毁米利陀学派的外来暴力就是波斯的侵略。波斯征服了所有小亚细亚的希腊城邦，米利陀城是领导该地区希腊人民起义反抗波斯统治的主要力量，因此，招致了波斯对米利陀的仇恨，后来波斯镇压了希腊人民的反抗，占领了米利陀，将此城完全破坏，烧毁。城里的居民除了被杀以外，全部变为奴隶，小亚细亚希腊城邦的发展到此中断。公元前五〇〇年以后，希腊世界的发展开始以希腊半岛东部为中心，特别是雅典日渐重要起来。

第五章 希腊罗马城邦时代（中）
——雅典、斯巴达、罗马
（公元前五〇〇—公元前三六二年）

一、时代性质

希腊罗马城邦时代中期，从公元前五〇〇年到公元前三六二年，这一阶段的社会政治情况十分复杂，城邦内部及城邦之际的斗争并行交错，每一城邦内部皆有所谓民主派与贵族派之争。就各城邦来讲，民主势力以雅典为主，贵族势力以斯巴达为主，每一城邦内部的民主派与贵族派分别倾向于雅典或斯巴达，故雅典和斯巴达为城邦之际的斗争中心。

在这一时期内，希腊时刻受到波斯威胁的这一现实，使每一个希腊城邦和每一个希腊人，都考虑着波斯问题，这一问题对他们来说是有密切的利害关系的。

波斯在地中海东岸建立了一个强大的帝国后，曾经征服过希腊的一部分，但它想征服全希腊的计划，并未获得成功。当军事行动在希腊半岛上第一次遭到失败以后，波斯仍未放弃征服希腊之企图，继续采用并加强了挑拨离间的手段，利用希腊各城邦内部之阶级矛盾来达到自己的目的。

这一时期的罗马在整个地中海世界中，尚无重要的地位，但它内部的发展，对罗马下一阶段来说有很重要的意义。

二、波斯战争

古代小亚细亚中部偏西有一个叫利底亚的国家，它与邻近的玛代帝国经常发生纠纷和冲突。玛代帝国在今天伊朗北部，它最强大的时候，领土包括了波斯和小亚细亚一带。据传说，公元前五八五年，利底亚和玛代又准备作战，这件事使小亚细亚西岸的希腊城邦感到十分恐惧和焦虑，因为这二国的战争，无论是谁最后获得了胜利，对小亚细亚的希腊城邦来说，都没有好处。

这时有一位希腊哲学家答理，以他的科学知识，预测出不久将有日食发生，于是他利用当时普遍流行之巫术迷信和对日食的恐惧心理，宣称这次日食是神反对战争的一次警告。后来日食果然发生（这次日食的日期如以现在的历法推算，是公元前五八五年五月二十八日），二国统治阶级停止了此次战争。这次战争虽然得以避免，但利底亚和玛代二大国之间的矛盾并未解除，战争的冲突，只是时间上的问题，终究会发生。

利底亚和希腊各城邦和平相处了一个时期，到了利底亚王克利叟（公元前五六〇—公元前五四六年）即位后，情况就改变了。克利叟征服了小亚细亚的希腊城邦，只有米利陀一城还保持了独立。利底亚对被征服的希腊各城邦的统治，并不十分严酷，只令各城每年入贡，至于内政，大致不加干涉。

这时，玛代内部发生了很大的变化。玛代帝国境内的波斯地方，出现了一个新王朝，推翻玛代旧的统治者，建立波斯帝国。波斯王库鲁士（公元前五五〇—公元前五三〇年）于公元前五四六年灭掉了利底亚，继续向西侵略，结果小亚细亚西岸的希腊城邦，皆成为波斯附庸。公元前五三八年波斯向南发展，灭新巴比伦帝国。不久库鲁士死，堪布日亚即王位（公元前五三〇—公元前五二一年）。公元前五二五年，他灭掉了埃及。其后，波斯发生了争夺王位的内乱，不久达拉雅夫获得胜利，做了波斯王（公元前五二一—公元前四八五年）。

达拉雅夫即位后向东发展，到达了印度西北部，后来达拉雅夫回西方镇压小亚细亚各希腊城邦因反抗波斯残酷统治的“叛乱”，从而引起了波斯大战。

小亚细亚希腊城邦之起义，由米利陀来领导，这是因为米利陀是小亚细亚希腊城邦中最强大的，同时也是最后丧失独立于波斯的城邦。公元前五〇〇年开始，各城邦普遍的发生了反抗波斯统治的起义运动。这些城邦都很小，人力物力都极有限，强大的波斯帝国在他们看来无异是难以战胜的天灾，他们只好派人到希腊半岛各城邦去求援。希腊半岛的城邦只有雅典和伊利垂亚（Eretria）答应出兵援助，派遣了二十五艘船只到小亚细亚去，其他各城邦虽然表示同情，却拒绝了实际的援助。他们唯恐得罪了波斯，于自己不利，这充分表现出过去统治阶级只求苟安的浅视。其实小心翼翼不得罪波斯，波斯也未尝不会制造其他任何侵略的口实来发动战争，后来事实上也是这样。

小亚细亚希腊城邦反波斯统治的起义维持了六年，到公元前四九四年完全失败，波斯攻下了米利陀城。米利陀城中的居民大都被屠杀，没有被屠杀的人无论男女老幼全部被奴役，强迫迁至底格里斯河下游为奴，米利陀城被焚毁，完全消灭。

达拉雅夫镇压了小亚细亚各希腊城邦的起义后，准备过海征服希腊半岛上的各城邦国家。公元前四九二年，波斯军开抵希腊，以海军活动为主，大批的陆军从小亚细亚渡爱琴海到希腊去。指挥大军的是达拉雅夫的女婿马窦尼沃（Mardonios），结果一支在希腊北部特拉其地方登陆的陆军被希腊打败，波斯舰队在希腊北部科尔其底开（Chalcidice）半岛遇大风，全部沉没。

第二年，波斯王达拉雅夫派遣使臣到希腊半岛各重要城邦中去索取“水土”，水土就是“江山”的意思。波斯王的目的是要希腊各城邦不战而降，结果一般城邦果然表示屈服，但雅典和斯巴达加以拒绝。在当时的外交习惯上是应该尊重和保护使臣的安全的，但雅典和斯巴达为了表示拒绝的坚决，违反了这一习惯，将使臣杀死。

公元前四九〇年波斯派军队渡河直接奔向雅典，先达犹比亚（Euboea）岛，将伊利垂亚完全毁灭，然后在距离雅典不远的马拉塘（Marathon）登陆。波斯军队的数目远远超过雅典军队，但雅典已有作战准备，并乘波斯登陆之际，主动出击，结果波斯失败，剩下的军队逃回亚洲。

雅典虽然小胜，但当时雅典及希腊各邦一致认为战争并未结束，这次波斯虽然失败，但就其帝国的实力来说，不过损一毫毛，主力尚未出动，因此决不甘心失败。希腊方面估计，波斯势必卷土重来，但需要较长时间准备，同时从陆地上来的可能性较大，因为这次带来的军队，一定要超过过去军队的数目。陆地交通虽然不便，但海上运输需要船只太多，一时难以筹办，从陆路来需要时间更多，因此希腊方面可以争取时间来准备应付未来的波斯更大的力量。

雅典在准备对付波斯这一问题上，有二派不同的意见。一派是海军派，首领是提米斯陀克理（Themistocles），他提出了加强雅典海上势力的巨大计划，建议以雅提卡丰富的银矿来建造强大的舰队，装备和巩固港口。他认为波斯帝国无论就其人力物力来讲，比整个希腊都要大不知多少倍，因此在陆地上作战，希腊必然失败，只有海上才能决最后之胜负。波斯不一定从陆地上来，因为绕过黑海北部在当时是一件非常困难的事情，假定他们从陆地上来，也需要海军来策应其陆军，因此希腊方面在海上的胜利，也就是最后的胜利。

海军派代表雅典工商业者的利益，因为海军的扩充，有利于工商业之发展，但海军派这一主张，除了符合当时雅典经济发展的要求外，对抵抗波斯来说，海军派的策略基本上是正确的。

另一派是以亚里斯提底（Aristides）为首的陆军派，主张扩大陆军，并且仍然采用传统的军队组织办法。他们清楚地提出要保护农民，如果不阻挡波斯陆军的进攻，农民的土地房屋会遭受破坏，但这一派实际上是代表大贵族奴隶主利益的。雅典的陆军一向由大贵族奴隶主所把持，陆军中分步兵和骑兵，步兵的领导人和占主导地位的骑兵都是贵族，因此贵族派宣称是为了农民利益，实际上不过想扩充自己的实力。

陆军派的主张并非从当时实际要求出发的，同时想用陆军来战胜波斯是徒然的空想。

海军派与陆军派斗争的激烈，反映了当时雅典内部阶级矛盾的尖锐。二派首领四处演说争取群众，最后陆军派彻底失败，领导人被放逐，海军派首领提米斯陀克理主持了雅典政治，开始大规模地建造海船，最后大约建成二百艘较大的战船。

不久波斯方面出动主力军，想彻底征服希腊，波斯王沙雅沙（Khshayarsha，Xerxes，公元前四八五—公元前四六五年）带领大军从海陆二方面并进。沙雅沙号称大军九十万人，实际上据近代历史家的研究，大约是十八万人左右。这些军队渡过了赫利斯滂沱海峡的浮桥，从希腊北部而来。

波斯王的这一行动，促使各城邦达成共同抵抗敌人之协议。当时在雅典和斯巴达的领导和鼓励下，在公元前四八一年，大约有三个希腊城邦在科林陀开国际大会，这是希腊城邦第一次的大规模团结。在这次会议中，雅典表现最为积极，大会由提米斯陀克理主持。提米斯陀克理是有远见的政治家，他为了团结整个希腊城邦，尤其是团结斯巴达作了一番努力。在形式上提米斯陀克理并不特别突出雅典的地位，他提议将陆军及海军的指挥权授予斯巴达，以缓和和斯巴达之间的矛盾，当然实际上也是因为斯巴达有为一般人所公认的陆军优势。

当时对波斯的抵抗，海军几乎完全仰赖雅典。斯巴达王里昂奈达（Leonidas）则率领希腊陆军镇守希腊北部的特谟庇里（Thermopylae，又称温泉门）山隘，此地形势险要，当时希腊人认为这是唯一可以抵挡波斯大军的天然关口。

公元前四八〇年，波斯大军抵达了特谟庇里山隘，与希腊军队交战了二天，结果失败。但到了第三天情况发生转变，传说希腊有一叛徒，引导波斯人沿山间小径，到达了希腊防线的后方。斯巴达王里昂奈达知道这一消息后，知道大势已去，无法补救，下令所有军队全部撤退，以免作无谓的牺牲。但斯巴达的军队仍然镇守，因为按斯巴达法律，即使坐以待毙，也不能退却一步。另外帖斯庇伊（Thespiae）城邦的军队，表示愿意镇守到最后，结果他们与斯巴达王里昂奈达率领下的三百人同归于尽。

波斯军队死亡人数比希腊更多，但他们占领了特谟庇里山隘，从此一直南下，所向无阻，占领了半岛上各个希腊城邦，最后进入雅典。波斯人将雅典城洗劫一空，并加焚毁，但雅典人在特谟庇里山隘失陷后，就开始将全国人民和移动之财产撤退至埃几那（Aegina）岛、撒拉米（Salamis）岛及丕娄波尼索。

战争继续进行。波斯用强大的海军包围了撒拉米海湾中以雅典为主的希腊海军，有一时期，双方相持不下。最后提米斯陀克理用反间计，假意透露希腊海军将于某夜逃奔消息，波斯方面信以为真，在那天晚上发动海军向海湾进攻，这时提米斯陀克理号召希腊海军作最后的决战，结果大胜。波斯失败的原因，一方面由于对海湾地理条件的不熟悉，同时较大的笨重的船只在浅狭的海湾中来往甚为不便，有些相互冲撞而沉没，有些搁了浅。而希腊人为了自卫，保护自己最后的生存，拼死抵抗，终于打败了波斯。

这次历史上有名的撒拉米大战的日期，按现在的历法来推算，是公元前四八〇年的七月二十日。

波斯王沙雅沙在海上战败后，知道不能征服希腊，但故意放出消息说，将继续派海军攻打希腊，实际上沙雅沙却带了亲信部队乘船逃回小亚细亚了。

在希腊半岛上的波斯陆军因失却了海上的支援，渐渐丧失了强大的战斗力。最初希腊方面不敢与波斯陆军作较大的正面冲突，但小的战争当然不可免，而且在这些小的战争中，波斯陆军的实力遭到不断损耗。到公元前四七九年八月，斯巴达陆军统帅波撒尼亚在比欧提亚（Boeotia）洲的浦拉提伊（Plataea）地方打败了马窦尼沃的大军，马窦尼沃本人阵亡。军队溃散北逃，沿途被希腊军截击，死亡很多，剩下能回波斯的人极少，所以波斯在希腊半岛上之陆军等于完全覆灭。

同时公元前四七九年八月，据说与浦拉提伊之战的同一天，在小亚细亚西岸的米卡利（Mycale）地方，波斯一支最后剩下有组织之海军亦被希腊打败。因此到了公元前四七九年八月，波斯在希腊方面的军队，无论海军或陆军，完全消灭，战争到这时基本上结束。但此后三十年间，波斯与希腊在爱琴海中仍时常发生小的冲突。到公元前四四九年，二国海军在其浦娄（Cypros）岛东部之撒拉米海上大战，结果波斯又败，波斯不仅在爱琴海，在地中海东部也没有强大的力量了。

波斯战争的同时，地中海的中部与西部希腊殖民城邦，以西西里岛为主，也牵涉到意大利半岛南部城邦，与地中海西部迦太基人领导的腓尼基人发生了一次大的斗争。此斗争已有二百年之历史。公元前七世纪，希腊人向西西里岛殖民时，已与迦太基人发生冲突，冲突的基本原因是为了商业利益的矛盾，同时也有民族斗争的因素在内。过去二百年间，小的斗争经常发生。当希腊全力对付波斯时，迦太基（Carthago）认为这是扩充自己势力的最好的良机，于是又引起纠纷。大约在公元前四七九年左右战争才结束，迦太基失败。它想消灭西西里岛上希腊势力的企图没有实现，西西里岛上的希腊城邦在叙拉库西城领导下，在海上和陆上都打败了迦太基人。

希腊在地中海东部和西部的战争都获得了胜利。

波斯战争在历史上有它重要的意义。一方面波斯的失败，说明了侵略者终究必败的命运。但从另一方面来看，这不仅是一个简单的侵略和自卫的问题。在公元前五〇〇年前后，希腊和波斯虽然都是奴隶社会，它们的社会情况在奴隶社会这一范畴内有极大的不同。波斯是一个完全代表少数波斯人（包括玛代人）利益的大奴隶主国家，这一国家的历史材料传至今日的很少，但我们从很少的史料中可以看到波斯少数的王公贵族将剥削各民族得来的财富铺张浪费，尽耗于生活的享乐。因此波斯帝国建立后，虽然有一时期社会比较安定，但生产力的发展极其有限。如果希腊被波斯征服，在奴隶社会的范畴来说，这种历史的发展，代表短时期的倒退。因为希腊当时远比波斯进步，工商业比较发达，其殖民运动的确提高了地中海两岸各地的生产力。因此从整个历史的发展来看，希腊的胜利是有进步意义的，何况在波斯战争中，希腊进行的是自卫的正义的战争。

三、波斯大战后之希腊社会经济情况

波斯大战后，希腊社会经济在旧的基础上继续向上发展，但这时经济文化的重心自小亚细亚西岸，特别是爱欧尼亚，转移到希腊半岛来了。因为从自然条件来说，小亚细亚西岸比希腊半岛要差，加上它受了波斯外力的彻底破坏，一时不容易恢复。因此希腊半岛日渐重要起来了，尤其是中部沿海的科林陀、埃几那和雅典三个城邦地位更为重要。到波斯战争以后，雅典蒸蒸日上，成为整个地中海世界最强大的海军国家和工商业国家。雅典的钱币，成为地中海世界的标准货币，在国际间流通。

战争对希腊各城邦的刺激甚大，尤其是雅典。扩充海军的结果，也扩大了商业的范围，手工业因此发达起采。当时手工业主要是建立在奴隶劳动的基础上，故奴隶数目很快地增加了，在大的手工业作坊中，奴隶工人最多时达一百人以上，这是资本主义社会以前手工业规模最大、分工最细致的情况。但多数的作坊，奴隶人数并不多，产品并不拿到远方去销售，就在自己的小门面里进行交易。除奴隶外，尚有自由身份的手工业者，数目并不太少，他们要与奴隶劳动生产来竞争。奴隶生产劳动基本上是无偿的劳动，劳动的成果全部属于主人，主人只付出养活奴隶所需的最低费用。因此，除了极少数有特殊技术的奴隶工人较受优待，大多数的奴隶工人的待遇都是非常低下。自由身份的工人要与奴隶工人竞争，那么他们的工资水平一定要与奴隶工人的生活费用相等，所以他们除了人身的自由以外，在生活上与奴隶工人并无多大的差异。

此外在希腊，特别在雅典，有一部分担任国家下级官吏的奴隶。他们比较受优待，这种奴隶的数目相当多，因为一般自由人认为国家的下级官吏是很卑贱的，故不屑去做。

国家奴隶还有一种矿奴，这是开矿的奴隶，特别像雅典这样大的工商业城市，开矿业日益重要，矿奴的人数因此日渐增加。他们的待遇非常低，生活如牛马，生命没有保障。

在农业方面，整个希腊世界，只有斯巴达和提萨利亚（Thessalia）土地比较集中，大田庄比较多，依靠奴隶劳动来经营。其他地方土地很分散，是以小自耕农为主，只有极少数的奴隶来帮助他们耕种。外侨是不能购置土地的，大都从事工商业。

地中海沿岸整个希腊世界有很多地区手工业很重要，这些地区的食粮皆仰赖外地输入。没有手工业或者手工业不发达的农业地区，例如斯巴达，其生产的粮食也仅足自给。能输出剩余粮食的地方主要是提萨利亚、马其顿与西西里。

根据以上情况，我们可以对希腊这时期奴隶社会作进一步的认识。奴隶人数的多少与自由人人数的比例如何？这些数字的本身，我们说可以有重要意义，也可以说并不重要。因为对待任何问题不能机械地孤立地以数字来作最后决定，我们必须采用可靠的具体的数字材料，但这不是分析当时社会性质的唯一凭借。

至于每个自由人究竟掌握了多少奴隶的问题，也是这样。主要的我们要看政权操在什么人手里，了解了这一点，才有助我们清楚地认识当时的社会本质。

当时希腊各城邦的政权，不管它的形式如何，实质上都是为少数奴隶主所掌握。斯巴达的奴隶主就是拥有大量田庄的贵族地主。在工商业发达的地区，例如雅典，少数拥有土地的贵族地主虽然想掌握政权，但常常失败，政权就落入少数大工商业的奴隶主手中了。一般的自由人，在政治上或者完全不发生作用。或者只发生很小的作用。贫苦的自由人，在手工业作坊中所受的实际待遇与奴隶几乎完全一样，奴隶主不仅剥削着奴隶，也对自由人进行剥削，二者剥削的程度并无多大差异，只是在法律上与名义上有所区别。

从以上我们可以说明，假定一个地方，在某一个时期内，政权为少数奴隶主所掌握，虽然他们下面的自由人数目远比奴隶数目要多，但这一时期的社会性质仍然是奴隶社会，希腊就是很好的例子。

再进一步来说，一般自由人也参加政治活动，也有政治权利，但实际上这并不发生多大的作用，相反的，我们甚至可以认为它对人民的迷惑作用远超过实际的作用。当然并不否认有时候一般人民可以利用社会上政治经济的种种矛盾为自己取得一些利益，或直接影响了政治的发展，但这只是某一具体问题上暂时的胜利，从长远利益来看，它只发生了更大的迷惑作用，稳定了统治阶级的统治。

四、雅典之盛强与雅典之海上帝国

波斯战争以后，雅典很快地强盛起来，建立了一个以雅典为中心的海上帝国。这是历史发展必然的趋势，因为波斯战争的胜利，雅典强大的海军可以说起了决定性的作用，经过这次战争，雅典的威望大大提高。当时希腊各城邦对波斯的威胁仍是谈虎色变，唯恐波斯卷土重来，在雅典领导下打败了波斯以后，许多国家，尤其是爱琴海中及小亚细亚沿岸的国家，请求与雅典发生同盟关系。同盟中最重要的一条就是——如果将来波斯入侵，我们一同作战，实际上即请求雅典保护。所以同盟的关系，虽然在表面上是平等的，实际上并非完全平等。雅典能获得许多国家的推崇爱戴，除了以上主要的原因以外，附带的还有人事方面的原因。人事关系的本身并没有什么重要意义，但配合其他条件，往往也会产生一定的重要性。为什么没有国家请求斯巴达保护？这并非这些国家的人都能认识到对波斯战争海军要比陆军重要。在波斯战争时期，毫无例外的雅典的领导人对盟国态度十分友好关切，而斯巴达方面没有例外的都是十分傲慢，不以同等国之态度对待盟国。这是因为雅典许多政客都出身商家，或者本人就是商人，至少也与工商业有密切之关系，因此待人接物比较圆滑。而斯巴达是寡头政治，少数统治阶级一向就是目空一切，狂妄自大，因此在作战期间，许多国家对斯巴达非常不满。这在客观上帮助了雅典与当时并肩作战的国家发生密切的同盟关系，在此同盟关系上，雅典建立了一个以它为中心，控制整个东地中海世界的海上帝国。

当时以雅典为主建立的联盟叫狄娄联盟。狄娄岛一向是希腊人特别是爱欧尼亚人的宗教中心。此联盟由亚里斯提底首创，齐门（Cimon）完成，亚里斯提底和齐门都是雅典人。

狄娄联盟包括爱琴海中岛国及爱琴海两岸的许多国家，参加联盟者之义务与权利都有明文规定。雅典并不强迫任何盟国改变他们自己的政治组织，而且允许他们有完全自由的外交权。但所有盟国都要互助合作一致对外，主要的就是共同对付波斯，因此各邦组织了一支联盟海军。财力雄厚的大国贡献船只及驾驭船只之水手，较小城邦因力量有限，缴纳一些盟金，所纳盟金的数目也视其现有财力来决定。至于决定各国应该贡献多少船只、人力或钱财的是亚里斯提底，因为他是全希腊所公认的最公正的人，亚里斯提底所作的决定是受到各城邦的拥护的。

联盟执行的事务由联盟大会决定，大会在狄娄岛上亚波郎神庙中举行。各邦公推雅典为大会的主席，联盟的财库亦置此神庙中。

联盟组成之初期（公元前四七九—公元前四六八年），在雅典的领导下联盟曾有些活动，这些活动符合雅典的利益，也符合一般盟国的利益，尤其是将爱琴海上波斯残余势力的肃清及将腓尼基势力驱逐出东地中海，虽然未能完全达到目的，但此后东地中海已成为希腊世界的势力范围。

其他希腊城邦也陆续加入联盟。联盟最盛时，盟国达二百余，因此雅典被公认为东地中海特别是爱琴海的盟主。

与海上发展的同时，雅典内部也建设起来。波斯战争结束以后，雅典城已完全消灭，公元前四七九年后，雅典开始重建自己的城市。这一行动为斯巴达所反对，因当时斯巴达十分嫉忌雅典之强大。但雅典城还是修建起来了，并且在排利阿（Peiraieus）港筑了一道坚固宽大可并行二辆车的城墙（公元前四七八年），城墙外包以铁条，成为坚固的堡垒。排利阿港成为希腊最大的军港，雅典派海军在此长期驻守，联盟的海军也有一部分在此。同时排利阿又是重要的商业中心，希腊各邦的商船，不断在港内活动。

当时雅典不仅在整个希腊世界活动，而且深入黑海沿岸的内地。近几十年来苏联考古学家在乌克兰的南部发掘了许多塞人（Scythae）的坟墓，墓中的殉葬物有不少是雅典的手工艺品，可见当时雅典与黑海北部的游牧民族已有贸易的联系。

雅典输出品大部为手工艺品，其中以葡萄酒和橄榄油最重要，入口主要是粮食，其次是各种原料。商业活动的结果，增加了雅典国家的财富，雅典国家财政的收入，相当大的一部分，是取自排利阿港的关税和码头税。

这一时期雅典的民主政治仍然继续发展，但这一发展，遇到不少障碍，旧的贵族奴隶主始终反对民主政治，因此内部的阶级矛盾尖锐的存在，在政治上分裂为贵族派和民主派。贵族派的首领是齐门，主张限制一般人民参加政权，他认为应该以财富的多寡来决定一个人的政治权利，显然的，这是代表贵族奴隶主利益的。贵族派在外交上是亲斯巴达派，企图在雅典建立斯巴达式的寡头政治。但这时斯巴达发生了一次地震，国内混乱，梅森尼亚人乘机暴动，引起战争，历史上称这次战争为第三次梅森尼亚战争，前后共八年（公元前四六四—公元前四五六年）。斯巴达感到无力镇压，请求雅典的援助，这时雅典贵族派在政治上得势，他们赞成援助斯巴达，故齐门率领军队到斯巴达去。但斯巴达又考虑到接受了雅典的援助，将会影响自己的政治威望，加上不久斯巴达军队的情势好转，所以拒绝了雅典的帮助。公元前四六一年齐门回雅典，不久被逐。

民主派的首领是伊菲阿尔提（Ephialtes），后来被贵族派杀死。民主派主张扩大民主权力，将全部政权交给人民，这一派是代表中小奴隶主特别是工商业者的利益。

二派斗争的结果，一般都是民主派占上风。继伊菲阿尔提之后来领导民主派的是丕利克理（Pericles，公元前四九〇—公元前四二九年），他从公元前四六一年开始在政治上活动，直到公元前四二九年，历史上称这卅余年是雅典民主政治之极盛时代。

民主政治之极盛，一方面固然是由于丕利克理改革政治的结果，但主要的是因为它能符合人民利益，为人民所拥护，故能彻底执行。丕利克理尽可能地多召开全体公民参加的国民议会，每次大会皆由五百人会与大会发生联系，因五百人会是人民代表等组成的。国民议会由五百人会来向大家作报告，使人民代表与人民直接见面，这样更能促使民主政治的活跃。

丕利克理又实行了薪俸制，解决一般人民的生活问题，使他们直接参加到政府中去工作。现在做法官也有报酬，报酬数目大约等于一个农民的平均所得，这样使人民在法庭工作时不再视为负担。另外规定作战的战士可以领到薪饷，以维持其家人的生活，这些都是对一般平民有利益的。对贫民更有特别的照顾，每年国家节庆之时，国家发给贫民津贴，让他们能到雅典城来参加节庆，这样就鼓舞了人民参加国家一切活动的热情。

另外一种改革是采取扩大抽签的办法来选举官吏，一切国家的官吏甚至执政都用抽签的方式选出。抽签是没有阶级限制的，过去一般人民不能做执政官，现在人人都有被抽中做执政官的可能。这时执政官虽然并无实权，但仍然是一个最高的荣誉的职位，这样至少在表面的观感上会认为人民的地位是大大地提高了。

深入分析，当时雅典的政治权力掌握在谁手中呢？在丕利克理时代，掌握真正政权的是将军，因为用抽签选举的缘故，执政官渐渐丧失了实权，它无法再把持和维持过去法律上所给予他的一切实际权力。丕利克理的目的，也是想把大权集于将军一人之手。将军仍然是沿袭过去的选举制产生出来的，全国十个部落，每一个部落选出一人，由国民议会来选举。国民议会在选举时可以认为十个将军完全是平等的，由十人组成一个委员会，负责全部的国家大事，也可以指令十人中个别的人担任专门的职务，又可以指定一人来专政，这个专政的，当时称为独断大将军。

丕利克理本人参预政治时，绝大多数的年份被选为将军，并被指定为独断大将军。

丕利克理时代的民主政治，主持国家实际政权的自然是大奴隶主。丕利克理出身于大奴隶主家庭，其他政治上的上层人物大都也是大奴隶主出身，一般人民不能做掌握实际政权的将军。丕利克理虽然尽量鼓励人民参加政治活动，尽量召开国民议会，但参加议会的还是少数人。举例说，雅典与斯巴达大战时，正是国家最危急的时候，召开国民议会时，参加人数最多时也不超过五千人。薪俸制的办法虽然使一般人民在物质生活上有了参加政治活动的条件和可能，但实际上还是要受到其他许多原因的限制的。因此，总的说来，丕利克理的民主政治只是一种更稳定的奴隶主民主政治，仍然不能根本改变少数人操纵政权的局面。

在狄娄联盟基础上，雅典不久即发展成为一强大的海上帝国，狄娄联盟的组织也转变成为由雅典一国所把持和垄断的商业帝国。

雅典国家的基础建立在商业上，狄娄联盟实际上就是大的商业活动的组织。商业的目的是为了谋利，因此它很自然地会趋向垄断。雅典主持联盟后，使各盟邦在商业上附属于他，由他来决定一切商业政策。为达到这一目的，必须要有军事力量作为后盾，这样势必会产生侵略的行动。在这种情况下，狄娄联盟渐渐地变成由雅典来垄断的商业组织，平等的联盟关系变成强制的联盟关系。这种改变可以从以下几件事情上看出：（一）各邦贡献之船只与盟金，最初由雅典规定经过各邦协商再作决定，后来不再经过各邦协商，完全由雅典来命令，这样缴纳盟金等于是各盟向雅典入贡。各盟国对这种行为不满，起来反对，雅典即派军队镇压。例如那克索（Naxos）在公元前四六九年反抗雅典，雅典派军队镇压，建立一个傀儡政权，这种做法，完全违反了联盟盟章的规定。（二）雅典不经联盟同意，单独与各盟国订约，强迫各盟国接受不平等的条约。这些条约主要内容是一切与商业有关的纠纷和主要的刑事案件都要到雅典去处理，因此订立了不平等条约的各邦，实际上完全成为雅典的附属国，国家最重要的商业活动及司法活动都要受雅典的牵制。（三）各邦要实行民主政治，就是说雅典要他们维持代表中级奴隶主与工商业者利益的政权，雅典并且尽量在各盟国培养傀儡。

这些行动雅典知道终究会引起各盟国的反抗，同时雅典也害怕斯巴达的攻击，所以，一方面加强对盟国的控制，一方面增强国防力量，扩大海军，并在雅典与排利阿港之间筑一长墙，将二城连起来。

公元前四五四年，是巨大变化的一年，这时雅典帝国完全成立，二百多个盟国，能保持独立的只有三个国家——小亚细亚岸上的列斯博、开欧和撒摩，其他盟国都成为雅典的附属国。并且就在这一年，雅典将联盟之金库自亚波郎神庙中移向雅典。从此以后联盟大会很少召开，雅典主要的神雅典娜也渐渐替代了亚波郎成为联盟所信奉之神，这一变化虽无明文规定，但实际上就是如此。

雅典不仅将联盟金库移往雅典，而且自由支配财库公款，雅典的军饷、公民的津贴、官吏薪俸，以至公共建筑都用此款。后来雅典又向各盟国随意征收盟金，对各盟国内政的干涉也愈来愈多，并且常找各种借口将雅典军队派往各盟邦长期驻守。伊利特里是第一个有雅典驻军的盟国。在司法方面，除了一般民事案件以外，雅典也大加干涉。另外雅典推行了一种移民政策，盟国中人口稀少的地方，雅典就派人移住，这些迁去的人仍算是雅典公民。同时各盟国中反对雅典的人如被雅典驱逐后，雅典即派人去没收他的土地和财产。雅典后来又禁止各盟邦铸造较大的货币，只准造辅币，当时雅典的货币已流行，再加上这种强制办法，雅典货币成为联盟的通用货币，并在整个地中海世界流行。

在陆地上，雅典亦大力扩充势力，或从海岸深入内地，或从雅典出发在希腊半岛上建立陆上帝国，征服了犹比亚、比欧提亚、浮其（Phocis）、娄克利（Locroi）、米戛拉（Megara）、阿卡亚大部分、垂岑（Trozen）等地。又在黑海沿岸扩充其势力，用外交手段或军事征服的办法，强迫黑海沿岸的一些城市加入联盟。在意大利，雅典的势力也由沿海不断伸入内地，在意大利南部，雅典建立了屠利伊城（Thurii，公元前四四六年），并扩充在意大利的商业势力。

雅典以上一系列的行动，必然引起希腊世界的反抗，因此，不久引起了一场以斯巴达为主的对雅典的战争。这次战争在历史上称第一次丕娄波尼索战争（公元前四五九—公元前四四五年）。战争是因为二国争夺米戛拉而引起的。斯巴达联合了比欧提亚的一些小国，组成丕娄波尼索与比欧提亚二个势力的组合。这次战争是陆战，前后不过一年多，雅典失败。最后双方订立和约，和约中最重要的一点是雅典放弃其陆上帝国，并规定三十年内双方不得发生战争。但实际上双方都知道战争并未完全结束，雅典不过受一小挫而已。故不久战争又起，一共二次，历史称这二次战争为丕娄波尼索大战（公元前四三一—公元前四〇四年）。

分析大战原因，有以下几点：（一）二大势力一直对立，互争希腊霸权。（二）政治思想的对立，也就是说二国社会政治制度不同。雅典主张民主政治，代表中级奴隶主和商人利益，建立在商业基础上的雅典政权，它的对外政策必然是侵略的；斯巴达及其盟国都实行寡头政治，这是代表贵族大奴隶主利益的，它的外交政策与雅典不同，一般的来说，斯巴达是不干涉至少是不显著地干涉其盟国的内政的。（三）商业利益的矛盾。雅典是一个商业帝国，斯巴达的盟国中例如科林陀、米戛拉也是商业国，他们与雅典争夺爱琴海上的商业霸权，事实上当然是敌不过雅典的。这些国家经常在联盟大会上鼓吹要向雅典进攻。

这次大战的导火线：（一）科其拉（Corcyra）岛国本来是科林陀的殖民城邦，它也是一个商业国家，二者因商业竞争与政治关系（因科林陀干涉科其拉的内政）发生了冲突，雅典突然参加到这次冲突中去帮助科其拉，因而引起了丕娄波尼索同盟的反抗雅典。（二）雅典帝国的属国有些不愿雅典干涉内政，在公元前四三二年起来反抗雅典，并向斯巴达求援。科林陀对他们的援助非常热心，因而引起了与雅典正面的冲突，公元前四三一年大战爆发。

公元前四三一到公元前四二一年的战争，是国际战争与国内战争并行的。各国内部都有内战，或激烈的政治斗争——民主派与贵族派之斗争。贵族派包括雅典的贵族派在内，总是倾向斯巴达方面，时常与斯巴达勾结。雅典的盟国，一般的对此次战争并不热心，但他们有机会就企图颠覆雅典的控制。各国的民主派虽然有一定的政治基础，但大都仰赖雅典来支持其政权。斯巴达方面的民主派也找到机会与雅典联系，但斯巴达方面商业大都不发达，因此民主派的势力非常微弱，雅典想通过这方面的关系达到自己的目的是很不容易的。因此，公元前四二五年雅典在斯巴达登陆以后，只有组织希洛人来反对斯巴达。如果雅典能在斯巴达内部找到政治的同盟者，雅典绝不会冒险组织奴隶了。

丕利克理认为在陆地上无法争取胜利，因雅典及其盟国皆无强大的陆军。所以雅典极力避免在陆地上作战，将雅提卡所有农民都撤退在雅典城中居住，并大量输入粮食，一切商业活动照常，避免与斯巴达在陆地上有任何的冲突。斯巴达无仗可打，只好退兵。丕利克理的战略从军事观点上看是正确的。但战争第二年，公元前四三〇到公元前四二九年之间，雅典城内发生了瘟疫，死了许多人，因而引起了国内人民的混乱，许多人对丕利克理表示不满和责难。公元前四二九年丕利克理也染疫去世，此后雅典民主派与贵族派之斗争日益激烈。内部斗争的结果，削弱了雅典的实力，后来贵族取得了胜利，在贵族派领袖尼其亚（Nicias）主持下与斯巴达讲和。公元前四二一年双方订立了和约，和约规定二国维持和平五十年。

但不久战争又起。公元前四二一年，虽然签订了和约，但实际只有斯巴达和雅典停止了交战，仍有些国家不肯停战。三年后，战争扩大起来，到公元前四一四年斯巴达也参加作战了。雅典在公元前四一五年就参加了作战，比斯巴达还早一年，因当时雅典决定要派大军去征服西西里岛。西西里岛上最大的城邦是叙拉库西，它是科林陀的殖民城邦，在经济政治上始终与科林陀有密切的关系，在这次战争中它也是积极的站在斯巴达方面。公元前四一五年，雅典接受了亚尔其比亚底（Alcibiades）的意见，派遣一支四千人的大军，用一三四只船装载，从海路出发去征讨西西里。雅典这一行动，为国内党派斗争所促成，是非常错误的，因为这次远征即使胜利了，对整个战争来说也无决定性的作用，但如果失败了，对雅典是一极大的打击。结果雅典大败，全军覆没。这时雅典内部奴隶特别是矿奴大批逃亡，说明雅典对内控制力量亦日渐削弱。矿奴的逃亡，对雅典工业原料的生产及商业方面的打击甚大。

这时正在待机而动的波斯认为打败雅典、控制希腊的时机已到，于是与斯巴达商议，波斯允许津贴斯巴达维持联盟海军及扩充海军之费用。这时雅典已四面楚歌，联盟军的贵族派亦皆抬头，开始出来活动，许多雅典的盟邦发生了政变，建立了贵族政权，这些国家都倒向斯巴达方面了。

这次战争双方打了十年（公元前四一四—公元前四〇四年），雅典大都处在不利的情况下，最后只好屈服，向斯巴达求和。斯巴达召开了丕娄波尼索同盟大会，讨论是否接受雅典的求和，如接受其求和应提出什么条件等问题。盟国中例如科林陀等不愿意接受雅典的求和，主张将雅典毁灭。但斯巴达反对，认为雅典过去对波斯作战，对希腊有过功绩，对这样的城邦不应该毁灭。其实这只是斯巴达冠冕堂皇的漂亮话，并非真正理由，斯巴达保留雅典的目的，是想通过雅典来控制其他为斯巴达所不能直接控制的国家。同时雅典如被毁灭，科林陀将成为希腊最大的商业国，斯巴达无法再对它控制，不如保留雅典，使与科林陀互相牵制，所以结果接受了雅典的求和。公元前四〇四年订立了和约，和约规定：

（1）解散狄娄同盟。

（2）雅典应拆除全部长墙及海港上的全部工事。

（3）雅典交出全部海军，只准许保留十二只船。

（4）凡过去因反对民主政治被放逐或自动在外流亡的人要准许他们全部回国（因此在公元前四〇四—公元前四〇三年，这些流亡贵族掌握了政权，组成一个三十人的集团来统治雅典，史称三十暴君）。

（5）要承认斯巴达的领导地位，今后雅典在和战问题上都要听从斯巴达的指挥。根据和约，此后雅典最多只能是一个受斯巴达控制的二等商业国。

五、公元前四〇四年后之国际纷扰

公元前四〇四年后几十年的希腊世界基本上是一个混乱纷扰的局面。斯巴达成为希腊最强大的势力，控制了整个希腊半岛、爱琴海及小亚细亚一带地方，但斯巴达以前没有控制这些商业国家的经验，并且过分强调各国的政治形式。它比当初的雅典还要粗暴地干涉各国的内政，要它们建立寡头政治，结果引起了各国激烈的反抗，因此斯巴达的霸权并不稳固。另一方面，斯巴达曾经依靠了波斯的帮助来打败雅典，因此波斯在公元前四〇四年后，很快地伸入小亚细亚西岸。小亚细亚西岸各国请求斯巴达的援助，引起了公元前四〇〇年后时断时续发生的又一次波斯战争。公元前四〇〇—公元前三九六年间，斯巴达领导了希腊各国援助小亚细亚西岸各国与波斯作战，波斯则利用各国内部对斯巴达不满的情绪收买了一批亲波斯的政客，此外特别的又利用了雅典来打击斯巴达。在波斯的帮助下，雅典建立了一支海军，渐渐强大起来，一时虽未恢复过去的地位，但已摆脱了斯巴达的控制，成为一独立国。

不久比欧提亚地方的提比（Thebae）城因斯巴达强迫其建立寡头政治，起来反抗斯巴达，在埃帕敏昂达的领导和组织天才下，将提比城的大部分力量，组成了一支大军来抵抗斯巴达。公元前三七一年斯巴达大军准备攻打提比，但在提比附近之留克查地方为埃帕敏昂达打败，斯巴达的主力大部被消灭。从此以后，斯巴达的强大势力不能再维持下去了。

公元前三七一年以后，希腊世界的霸权转入提比之手，提比军队在埃帕敏昂达（Epaminondas）领导下向南进军直达斯巴达城下，解放了梅森尼亚人，建立梅森内（Messene）城。公元前三六二年斯巴达与丕娄波尼索的一些小城联合起来，与提比作战，在战场上提比胜利打败了斯巴达联盟，但在作战中，埃帕敏昂达战死（公元前三六二年）。提比原无称霸之基础，利用了历史舞台上临时的空虚，靠埃帕敏昂达的组织能力和军事天才，暂时强大了一个时期。埃帕敏昂达死后，提比内部马上发生了问题。

连续不断的战争，削弱了各国的力量，公元前三六二年后，希腊世界已无一强大势力存在，各国内部之政治斗争日益激烈。

六、罗马共和国之发展

公元前三世纪以前的罗马社会情况，我们知道很少，每一件事的前后因果关系几乎无法说明。罗马人后来有许多叙述，但其中可靠成分不多，有时候甚至非常错误，因此这一段历史我们只能将几个大的步骤简单地加以叙述。

公元前五〇〇年左右，罗马已有严格的阶级划分，少数的贵族已把大量土地集中在自己手中，一般平民土地很少，并且其中有一部分投到大地主门下作门客，脱离了自己原来的阶级，为大地主奔走。当时罗马的政权几乎全部掌握在贵族手中，平民特别是贫苦的平民，在政治上毫无地位，独立的手工业者很少，故罗马平民主要是农民，农民中有一部分小自耕农有一些土地，另外很大一部分都是“无产者”。平民无法维持生活时，只好借债，但借债不能归还时，就只有将自己的土地出卖，没有土地的人往往丧失了人身的自由，成为债奴。当时罗马的法律禁止平民与贵族结婚，故平民是一个受压迫受歧视的阶层，他们只在一点上与贵族一样，就是有当兵的义务。这对后来罗马历史的发展有很大的影响，因为由于当兵的关系，平民以此为出发点作为向贵族斗争的武器，一步步地取得了政权。

平民对贵族的斗争有一很大的胜利，即保民官制度的成立。传说这件事发生在公元前四九四年。这一年罗马要出外作战，作战前国内已发生激烈的阶级斗争，平民乘军队已组织起来编好了队的时候，全体离开罗马城退到阿芬提诺山（Aventinus）去。这是罗马宗教的圣地，平民扬言要在此山再建一城邦，贵族无法，只好让步，双方讲好条件，设立了保民官制度。传说最初设立了二个保民官，也有说是四个的，后来增加到十个。保民官一字（Tribunus），前面我们译为“平民部正”，它原来是平民协会中之负责人，现在国家承认他们是国家官吏。保民官的权力，就是保护平民，这种制度称为救援法。他们实行职权时主要是用否决的方式，如果保民官认为国家官吏所做的事对平民不利,他就说“veto”,意即“我否决”——其事即不能实行。贵族所做的不合理的事情，保民官也可以禁止，如果是合理的合法的事情，保民官也可以先加否决，经过调查再实行。因此保民官制度对平民来说是一个很大的保障，平民有事就可以去找保民官。保民官的身体是神圣不可侵犯的，如果伤害了保民官，等于亵渎神明，要判死罪的。当时不仅贵族承认这一条，平民自己还组织“神盟”，如果有人侵害保民官，他们就共同把这人杀死。贵族在被迫的不得已的情况下，允许设置保民官，但当然不甘心，因此有很长一个时期有贵族与保民官之斗争。公元前四八六年贵族卡西沃（Cassius）企图以粮食发散给平民，诱惑他们放弃保民官制度，但被平民识破，大家很愤怒要惩罚他，卡西沃只好逃走。后来又有人出来想利用平民与贵族之斗争自立为僭主，但未成功。

保民官制度设立后，平民生活还是没有保障，罗马最初也没有明文法律，平民要求贵族将法律写出来。传说公元前四五一——公元前四五〇年贵族接受了平民的要求，成立了一个委员会，专门研究罗马的习惯法，并参考希腊世界的法律，最后写出了罗马的法律，将它写在十二块铜牌上，故有十二铜表法之称。十二铜表已失，条文流传下来的也不多。从今天所知道的条文看来，十二铜表法对平民是很严酷的，但有了明文规定，尽管贵族加以歪曲，但总不能像以前那样任意杜撰了。同时经过平民斗争结果，有些条款还是比以前放宽了些，例如判处死刑的人可以上诉，借债的利息有一定的规定，而且较过去的利息低了些。

后来平民又争得社会权利的平等，公元前四四五年法律准许贵族平民结婚，所生子女的身份，依父亲的地位而定。

在此以后平民渐渐地取得了一切纯政治的权利：（一）执政官。据传说公元前三六七年平民第一次取得了做执政官的权利，是年罗马二执政中有一个人是平民，但这时平民做执政官还没有成为制度。据说公元前三四〇年平民取得了第一次大的胜利，规定了每年选举执政官时，二人中必须有一人是平民，同时也允许二人都是平民。（二）传说公元前三五六年，平民第一次有了被选为专政官的资格。（三）平民协会的议案正式成为国家法令，这是经过多次斗争才取得的胜利。公元前三九九年，平民协会通过之议案送到元老院去，经元老院的核准才能成为国家法令。后来平民继续斗争，公元前二八七年平民讨论议案时只通知元老院，元老院对平民协会之议案当然核准，讨论通过后一宣布立刻就是国家法令，故实际上元老院之核准只是形式。

以上权利取得后，平民当然就可以入元老院了，因为根据罗马法律，国家官吏退职后是元老院的当然元老，现在国家各级官吏平民都能担任，因此，元老中必然就有平民。后来罗马出现了一种新名词，即所谓“元老院贵族”或“元老贵族”，他们成为国家的实际统治者，他们大都是富有的人。至于一般平民的参预政治，实际仍是有限的。

罗马贫民虽然取得了政治权利，但因罗马官吏始终没有薪棒，或其他报酬，故没有财产的人实际上不能享受政治权利。罗马的政治活动只限于在罗马城内，因此当罗马向外发展以后，许多平民离开罗马城到较远的地方去谋生，就无法参加罗马的政治活动了。平民得到的唯一保障即人身的自由。据说在公元前三二六年公布了一法令，罗马公民在任何情况下都不能丧失其人身自由，这是平民唯一得到的好处，至于罗马政治，始终都是为富人所掌握。

七、希腊文学之发展

公元前五世纪以前，希腊文学之发展，以小亚细亚为中心。但这时期小亚细亚的文学在希腊世界中已经不占重要的地位了，因为小亚细亚经过波斯的重大打击后，一蹶不振。经济的发展，已转移到希腊半岛，意识形态方面的发展，自然也以希腊半岛为重心了。希腊半岛上政治中心是雅典和斯巴达，但斯巴达在变法以后就没有文学可言，因此文学活动以雅典为中心，其他民主政治的城邦也有一些文学活动。

这时出来一批抒情诗人，有名的有下列诸人：

西蒙尼底（Simonides，公元前五五六—公元前四六七年），他是其沃（Ceos）岛人，写的诗有二种体裁，对希腊及欧洲都发生影响：一种是颂德诗，歌颂政治上有功绩的人；另一种是短诗，很像中国之绝句。

巴其里底（Bacchylides，公元前五〇七—公元前四三〇年）也是其沃岛人，他写的诗，是酒歌的体裁，但未演变为戏剧。

品达娄（Pindaros，公元前五二一—公元前四四一年），提比人，出身贵族家庭，他写的诗传至今天的很多。他喜欢描写贵族的生活，和歌颂在国际运动会上的优胜者。他的写作技术非常高，但完全站在贵族的立场。他说贵族与平民有根本的不同，因为贵族是神种，所以他们能够统治人民，能够在竞赛时得到锦标，并且能够立战功。

但希腊城邦时代文学的主体是戏剧。希腊文学中最重要的体裁，最能反映希腊人的生活，思想内容最丰富的就是戏剧。戏剧以雅典为中心，最重要的戏剧家都是雅典人。在波斯战争期间，开始有伟大的戏剧家出现。

戏剧是从迎神赛会，特别是祭祀酒神中演变出来的，但此时之戏剧就其基本内容来讲，已超出了迎神赛会的阶段，其体裁也从孤立的短诗形式，演变成为结构较大较复杂的、已超脱了宗教神话题材的戏剧。

这时雅典出现了三大悲剧家：

（一）埃斯其娄（Aeschylos，公元前五二四—公元前四五六年）。埃斯其娄出身贵族家庭，曾参加波斯战争，著作甚多，据说写过七十本戏剧，但流传至今日的仅七本。他是雅典第一个大戏剧家，所写的戏剧主题仍以神话为主。他将希腊的神话故事用戏剧艺术形式表达出来，但他反对古代宗教神话的宿命论思想，因此他写的剧本中，对这种宿命论思想表现出一种反抗的情绪。埃斯其娄主张公道正义，并且能超出自己的阶级立场，否认贵族有特出的才能，因此他否认了贵族应享受任何特权的传统思想。

（二）索浮克理（Sophocles，公元前四九六—公元前四〇四年）。雅典最盛时期与丕娄波尼索大战的同时，雅典在戏剧方面出现了另一位伟大的悲剧家索浮克理。他是雅典贵族，据说他写过一百本以上的剧本，但传至今天的也只有七本了。他所写的戏剧之主题与埃斯其娄大致相同，但他比埃斯其娄更进一步地对宿命论表示怀疑，他虽然并未否定神的存在，但他认为神并不是公道的。索浮克理因受其阶级出身的限制，在政治思想上虽然反对少数人的暴政，但也反对“暴民政治”即民主政治，主张建立贤人政治，这种政治的本质是完全代表贵族利益的。

（三）犹利庇底(Euripides，公元前四八一—公元前四〇六年)。犹利庇底亦为雅典贵族，据说他的作品共九十本，传至今天的大约有十九种，其中有些已经是残缺不全，甚至只剩下短短的一段。犹利庇底的戏剧题材除了神话故事以外，还有对当前社会问题的分析。他对人与人之间情感的观察非常细致深刻，作品的结构也比较严密，这是戏剧技术上的一大进步。最可贵的是犹利庇底对一切旧的传统意识及行为的攻击。他站在受压迫阶级的贫苦人立场来讲话，并且他是指出妇女遭受压迫乃社会中不合理现象的第一个大作家。比埃斯其娄与索浮克理先进的另一个思想是犹利庇底不仅对希腊宗教表示怀疑，并且责斥教士对人民的欺骗，这一行动等于是对神存在的否定。犹利庇底特别强调人的作用，他认为人的存在是不必受神支配的。

三大悲剧家以外，雅典当时出现了大喜剧家亚里斯陀梵尼（Aristophanes，公元前四四四—公元前三八〇年）。他是贵族出身，他的思想是代表贵族利益的，据说他的作品有五十四本，今天我们所能见得到有十一本。亚里斯陀梵尼对一切人都加以讽刺，当时比较重要的文学家和哲学家，例如苏格拉底也不能例外。他喜欢讽刺政客，尤其是对民主派的政治家的讽刺特别厉害，一般贫民更是他讽刺的对象。除了对个人的讽刺外，他也讥讽妇女和幼稚的宗教迷信。

关于历史学。历史在今天是一种科学，但在过去很长时期历史就等于文学，到资本主义时代历史才开始有科学的意义在内，到现在才成为一门科学。

希腊第一个大史学家，是希罗多德（Herodotos，公元前四八四—公元前四二五年），西方人称他为“史学之祖”。他是小亚细亚哈利卡那索（Halicanassos）人，但长期住在雅典。后来周游世界，到过埃及、叙利亚、波斯、巴比伦，并进入黑海，直到黑海北岸的游牧地区。西地中海区域他到过南意大利的大希腊区。他在各地采访史料，公元前四四三年参加了雅典在意大利南部建立殖民地的工作，以后长期住在那里。

希罗多德著过二本书，《波斯大战史》和《亚述史》。《波斯大战史》是西方世界第一本历史著作，《亚述史》今已失传。

《波斯大战史》并非专述波斯大战。公元前四七九年以前，希罗多德所知道的历史事件也包括在内，而以波斯大战作一总结。此书又可视为一本文学作品，其中传说故事很多，以今日史学家的眼光看来，此书的价值并不太高，其重要性在于对古代亚洲西部各国的风俗习惯生活情况有比较详细的记载，可供我们今天研究。

希罗多德在主观意识上想以最客观的态度来分析各种问题，得出比较科学的结论，因此他在介绍一件事情的时候，尽可能地将各种材料加以比较，选择其最可靠的说法，或将全部材料列出，由读者自己下一判断。

希罗多德是今天所知道的希腊第一个写历史的人。他批判了当时希腊流行的神话历史观念，从埃及早期清楚的历史中知道人类最初的历史，绝不是当时希腊流行的那种人神混合的神话，同时也否认了希腊文化绝对优越的说法。

另一个有名的历史学家屠其第底（Thucydides，公元前四七一—公元前四〇〇年）是雅典贵族，参加过丕娄波尼索大战，曾被选为将军。因作战及政治斗争失败，在公元前四二四年被逐出雅典，在放逐期间他开始写丕娄波尼索大战的历史。他根据自己作战所得的知识，访问了许多亲友，采访有关材料，公元前四〇三年回到了雅典。此书并没有写完，写到公元前四一一年时（距丕娄波尼索大战的结束尚有七年），他便去世了。

屠其第底所写的《丕娄波尼索大战史》与《波斯大战史》有很大的不同。此书对历史事实的叙述是很精确的，今天我们找到的其他材料，证明了屠其第底所写的基本上都是真实的。屠其第底又尽可能地说明每一件事情的前因后果，例如他对雅典战时的党派斗争与雅典最后失败的原因都能分析，并得出比较客观的结论。唯一出于他自己杜撰的是书中的许多名人演说，这种演说内容绝大部分是他自己的推想。

单就可靠性来说，这是古代希腊第一本比较科学的历史书。

第三个写历史的人——泽诺方（Xenophon，公元前四三一—公元前三五四年），雅典人，是苏格拉底的学生，突出的贵族代言人。他的政见是代表贵族利益的，故对斯巴达十分崇拜。曾参加过丕娄波尼索大战，后被放逐，逃至斯巴达，放逐期间从事著述。其著述甚多，绝大部分都传至今天。著作中对斯巴达十分赞扬，推崇备至，他写的一本最重要的书是《希腊史》，此书将屠其第底的《丕娄波尼索大战史》续完，并记载了战后希腊的情况（公元前四一一—公元前三六二年）。《希腊史》的材料很丰富，但处处表现了他贵族的偏见。

另一本比较重要的著作是《万人远征记》，叙述公元前四〇一年希腊雇军在波斯作战及回国的情形。

泽诺方还写了一些纪念苏格拉底的作品，主要的有四种：（一）《辩解录》，为苏格拉底的死辩护。（二）《回忆录》，回忆苏格拉底一生的事情，今天我们对苏格拉底历史的了解，主要是根据这本书。（三）《筵话》，希腊人喜欢在宴后辩论问题，此书以苏格拉底为中心，讨论哲学问题。（四）《家政论》，论述如何治家，妇女在家庭中的地位等问题，后来欧洲所有文字中“经济学”一字即源于“家政论”（Oeconomicos）一字。

泽诺方还写过《凯鲁士的教育》一书，因为他曾经到过波斯，了解一些波斯王子凯鲁士所受教育的情况，在这本书里，泽诺方完全站在统治阶级立场叙述了贵族子弟怎样统治人民的一套办法。

其他作品：（一）《斯巴达的宪法》，这是一本站在斯巴达贵族立场所写的书。（二）《亚基西拉沃》，这是斯巴达政治家亚基西拉沃（Agesilaos）的传记。在这里，泽诺方说出了他理想的政治家的形象和风格。（三）《耶娄》。耶娄（Hiero）是西西里岛的僭主，泽诺方为他写了一本传记，传记中又谈到如何统治人民的问题。此外还有《论矿》《马术》《猎术》等等著作。

泽诺方不仅是一个历史家，而且可算是一个“通儒”。他供给我们许多的史料，他的著作最显著的特点是明显的贵族立场，同时他对人格的描写比较细致，例如他写的传记，并非只是事实的叙述，对该人的思想、情绪和心理状态，都有描写。

另外有一类历史的著作叫《雅典纪年》。这虽然是纪年体裁，但包括的内容很丰富，按照年代次序从神话时代开始记载，进入王制时代后，用王系年，王的地位衰落后，用主席执政之名系年。《雅典纪年》是通史性质，政治、军事、法制、较重要的个人事迹，以至文化艺术皆包罗在内，因此历史价值很高，但这些书大都失传，今天只保留了一些片断。

《雅典纪年》的作者最重要的有二人——克莱底漠（Cleidemos）

与安周提昂（Androtion），关于他们的生平事迹皆已失传，今天几乎完全不知道。

八、希腊哲学之发展

代表新兴阶层的唯物思想有进步意义。爱欧尼亚学派完全消灭了，波斯的暴力摧毁了它，但历史的发展又促使了新的哲学学派的产生。首先要提到的是埃里亚学派的名称，是由希腊殖民城邦南意大利卢卡尼亚（Lucania）州的埃里亚（Elea）而得来的，因为埃里亚城中曾经出现了许多哲学家。

埃里亚学派的首创人是泽诺梵尼（Xenophanes，大约是公元前五七〇—公元前四八〇年）。他是爱欧尼亚寇娄方地方的人，波斯征服小亚细亚希腊城邦时，他逃亡在外，最后到埃里亚建立了埃里亚学派。

泽诺梵尼是希腊哲学史最早的唯心论者，他认为整个宇宙皆有神性、灵性，是亘古不变的。他的演说大都已失传。

另一个有名的埃里亚派哲学家是帕门尼底（Parmenides，公元前四七〇年左右），埃里亚人。他除了接受了泽诺梵尼的思想外，又接受了皮塔哥拉学派宗教的神秘思想，提倡绝对不变的一元论。

他说，我们看到的一切变化都是虚幻的，宇宙间唯一存在的即永恒不变的神。帕门尼底用许多诡辩的说理，来证实他唯心的理论。

梅利叟（Melissos，公元前四四〇年左右），撒摩人。他接受了爱欧尼亚学派的唯物论思想，但另一方面又接受了埃里亚学派的不变论，因此，他的关于物质存在的学说，具有唯物论与唯心论的二种解释。

埃里亚的兹诺（Zenon，公元前四九〇—公元前四三〇年）是帕门尼底的学生。帕门尼底只是开始诡辩，而兹诺集当时诡辩之大成。他拥护存在永远静止的说法，并且用种种例子来证明物在任何时候都没有开始运动。例如他说飞矢从这里射出来，到达了目的地，但它并没有动，因为飞矢在每一瞬间都占着空间的一定的位置，而在这一瞬间它就静止在这位置上，因此，飞矢从这里飞到那里，不过是许多静止的总合。他又说亚其力（Achilleus）与龟竞走，只要亚其力在开始时落后于龟一步，亚其力的捷步就永远无法追过乌龟的爬行，假设亚其力的捷步比乌龟的爬行快十倍，当他离乌龟一步的地点出发时，他走一步乌龟就走十分之一步，当他再往前走的时候，乌龟也向前移动，这样永无止境。

埃里亚兹诺的学生郭基亚（Gorgias，公元前四八三—公元前三七五年）是智者学派的第一个重要人，也是埃里亚学派的最后一人。他是一个虚无主义者，否定物质世界的存在，他说宇宙是虚妄的，至少等于不存在。假定说它是真实的存在着，那么它一定是无限的永恒的存在。但我们所能看到的一切存在，实际上都只存在于时间和空间中，而时间和空间的本身有一定的限制，并不能无限的永恒的存在。我们不能想象脱离时间和空间而存在的存在，因此物质世界是虚无的，即使存在着，我们也不得而知。

埃里亚学派中个别的哲学家，虽然并未完全放弃爱欧尼亚学派唯物论的思想，但爱欧尼亚学派宇宙时刻变化着的这一主要精神已经扬弃无余。他们用种种说法来证明宇宙世界的亘古不变，这一思想与统治阶级宗教的中心思想完全一致。统治阶级在哲学上极力宣扬不变论，实际上就是以宇宙的不变来保障社会的不变，因为假定物质宇宙是静止不动的，那么社会也应该是静止不动的，现存的阶级关系将永远不变。所以历史上的统治阶级，当其统治地位稳固以后，代表这一阶级利益的哲学，开始成为不变论。

另一新的学派将爱欧尼亚学派的变化论与埃里亚学派的不变论统一起来，主要提倡原子论，此派之学者大部分为自然科学家，特别以医生居多。第一个名家是恩庇铎克里（Empedocles，公元前四九〇—公元前四三〇年）。他是西西里岛阿哥里根滕（Agrigentum）人，是当时希腊世界最有名的医生，又是积极的政治活动家。他从人体的构造出发，认为水火风土是世界的四种原质，宇宙间的所有现象，包括人在内，都由这四种原质构成，因此这是万物的最后物质基础。作为万物最后物质基础的四种原质是永远不变的，但整个宇宙时刻在运动着。宇宙运动的动力是外在的爱与憎，爱促使万物结合而形成物，憎则分裂万物，爱和憎这二种力量时刻不停地在推动着宇宙变化。这种纯朴的辩证法思想是恩庇铎克里从实际出发，研究自然科学所得的结果。

安那匝哥拉（Anaxagoras，公元前五〇〇—公元前四二九年），爱欧尼亚克拉邹尔尼（Clazomenae）人，生长和求学于雅典。他是第一个倡导原子论者，原子一字是他所创。原子就是假定宇宙万物最后的物质基础，非常细小而不再分的粒子。这一观念，支配了欧洲自然科学二千多年。

安那匝哥拉认为宇宙间的无数原子都是无始无终永恒存在的，各种原子构成了宇宙间为人们所能看到的物质。但任何物质聚而又散，这就是宇宙生命和死亡的表现，推动聚和散的是“灵气”，在这里安那匝哥拉暴露了他的二元论思想。

另一个原子论的奠基人留其波（Leucippos，公元前五世纪），据说是希腊北部阿布垤拉（Abdera）人。他修改了安那匝哥拉的原子论，认为各种原子在本质上完全一样，只有大小的不同。他假定原子外空间的存在，否定了灵气论和目的论，因为原子在空间中聚合和分散是自然的结果，并非灵气的推动，也不是为了要达到一个预先规定的目的。所谓目的论归根结蒂即主张有神的意志在主宰，而留其波是无神论者。留其波的思想后来为他的学生德模克理陀所发挥。

德模克理陀（Democritos，公元前四六〇—公元前三六〇年）。

对原子的解释，德模克理陀和留其波一样，但他特别在意认识论。他认为人的知觉是受外界事物感应的结果，这种知觉就是认识，认识的不断积累，才使我们对外界事物有比较全面的理解（即思想）。这种说法就是今天的反映论，这是古代哲学中对认识的一种比较正确的看法。

德模克理陀又认为人本身也是一种自然现象。人的灵魂，也是物质的，是由特殊的原子所构成。人有生有死，灵魂最后也会分散。

原子论学派并无很高的发展，不久智者运动出现。

当时人对自然的认识是很肤浅的，科学工具也很简陋，因此人对自然的认识全凭一种推理，这种推理到原子论出现时，可说已经登峰造极，无法再进一步发展下去了。因此哲学家们开始转向另一条途径去探索真理。当时全希腊社会的阶级矛盾已十分尖锐，有人感到与其研究自然界的问题还不如研究人本身的问题，在这种情况下，出现了新的哲学派别，就是智者运动，这些人即智者。

希腊文 sophia，即智慧之意，这些人自称 sophistes，意即有智慧的人，智者运动即 sophioma，后来 philosophia，成为“爱智之学”的意思，philosophos 即爱智者，今天欧洲文字中哲学及哲学家二字即源于此。

我国过去称哲学有方、道、术、略，或方术方略、道述等名词，称哲学家为方士、道士、术士、道人。方即当时写字用的方板（竹板称简，木板称方），后来引申为书中的道理，特别是自成一体系的道理为方。道原来的意思是路，术和略也是路的意思，后来将人走的路抽象化作为思想上的道路即思路，就是哲学。从以上看来，哲学应该是很实际的东西，因为除方是书本的意思外，其他都是走的路，走路必须有目标，因此思维的道路也必须解决某一实际问题。哲学原来是最高的实际学问，但后来统治阶级加以歪曲，在旧社会里，哲学变成了空谈和虚玄的东西了。

智者运动以前，希腊已经有很多游方哲学家在各地游历和讲学，到智者运动时，这种游方的办法更彻底地实行，进一步有了组织的正式讲学。智者有目的、有计划招募一批人特别是青年来给他们讲学，但要获取报酬，故学生要向老师缴纳束脩。

智者运动的创始人郭基亚（公元前四八三—公元前三七五年）是一个虚无主义者，他怀疑一切的存在，并否认真实地正确地认识世界的可能。

第一个特别重要的智者是浦娄塔哥拉（Protagoras，公元前四八〇—公元前四一〇年），阿布垤拉人，曾周游各地，到过雅典和西西里各邦。他的思想出发点是怀疑主义的。他认为人的智慧是不可靠的，因为世界不停的时刻在变动，人类之观感最多只能看见变化的现象。而不能看见变化的本质，只有靠思维和理性才能了解变化的本质，才能更进一步地深入地理解我们的感觉所观察到的现象。但浦娄塔哥拉又认为任何现象变化的本质还是不能为我们真正解释。例如说原子，许多哲学家认为它是宇宙最后的基础，但谁也不能经过任何方式来直接观察原子，因此原子是万物的基础不过是一个假定，这就证明了我们只靠五官是不能认识到一切事物的本质的。但每一个人根据自己的理性去认识世界，可靠的关于世界的知识仍然是不可能为我们所知，也许它根本就不存在，因为没有二个人对事物的观察所作的结论是完全一样的，有的甚至恰恰相反。张三认为是真理，李四也许觉得是欺骗，所以一切知识都是主观的。在这里，浦娄塔哥拉否定了客观真理的存在，这是一种纯粹以个人观察出发的唯心主义思想，这种唯心论对后世的影响很大。

浦娄塔哥拉说我不知道客观真理和绝对真理是否存在，即使存在着也不能为我们所知，因此自然方面的真正现象，是无法了解的，研究它不过徒然无功。最重要的是要研究人的问题，要谋人类的幸福。怎样谋求人类的幸福呢？浦娄塔哥拉认为有二个方面：一方面是谋求自己的幸福，这是伦理学上个人道德和修养的问题，但这只有少数人才能做到。一般的人要由少数人来替他们谋求幸福，这就是政治学——即“治人术”的问题。浦娄塔哥拉教导他学生（大都是贵族子弟）主要的就是“治人术”。如果单就技术上来看，浦娄塔哥拉的“治人术”可分为二个内容：

（一）辩论学。思维要清楚，要能说服别人，至于是否真理，可以不必考虑，因为实际上并没有什么真理，只要驳倒别人就行。

（二）修辞学。为了达到说服别人的目的，要注意修辞，说话要动人，辞句要美丽，今日欧洲文字中辩证和修辞学二字是从辩论学（Dialectica）及修辞学（Rhetorica）二字演变而成的。

其他的智者很多，重要的有浦娄底科（Prodicos）、西皮亚（Hippias）等人，这里特别提到的苏格拉底是希腊哲学史上影响最大的智者。苏格拉底（Socrates，公元前四六九—公元前三九九年）出身在雅典的一个雕刻匠家里，年轻的时候曾参加过作战，并且非常勇敢，有一次冒死救出了亚尔其比亚底。亚尔其比亚底是他的学生。据说苏格拉底的家庭生活非常不幸，他的妻子赞梯配（Xanthippe）十分凶狠，后来赞梯配一字在欧洲文字中意即泼妇。

苏格拉底与一般智者不同，甚至反对一般智者，他责斥他们的束脩制度，认为这是贩卖智慧，将哲学商业化的行为。同时苏格拉底根本反对怀疑主义的思想方法，认为智者以个人主观的标准来判断一切事物的是非，实际上等于没有是非观念，至少也是混淆是非。苏格拉底注意哲学问题，虽然也从怀疑主义出发，但怀疑只是他追求真理的方法，不是最后的目的。他说，我们应该从假定一无所知出发，才能求得真正的智慧，但智慧应该是为所有人所认识和承认的，因此真理不能以个人为标准来判断和确定，我们追求的真理不是个人的真理而是全人类所公认的真理。苏格拉底提出了“正名”，他说，名要正，所谓名就是大家所公认的一个共同标准的概括之概念，苏格拉底又为名下了清楚的最后的定义。什么是善良？什么是罪恶？什么是公道和正义？苏格拉底认为人都是善良的，一切罪恶的产生都是由于缺乏足够知识的缘故。这里明显地暴露出他所谓道德的阶级性，因为苏格拉底所提倡的道德是贵族阶级的道德，他认为一般人民不能掌握知识，因此只有贵族阶级的知识阶层才是有德行的。

苏格拉底的讲学，采取和他学生随便谈话的形式。他从来不作正式的长篇大论的演说，而是用平常的谈话一步步地引人入胜，最后指出对方概念的混乱和错误，打破他原来所持之见解。然后帮助对方建立一个自己认为可靠的有根据的见解。苏格拉底并没有一个完整的哲学体系，但他的这种讲学方法在当时希腊世界是独具风格的，因此轰动一时。

当时流行于希腊的一句苏格拉底的名言是："认识自己。"苏格拉底说，要入智慧之门，首先要认识自己，否则永远被摒弃在智慧的门外。

如果单就哲学的技术问题来看，苏格拉底的一些认识和方法大致是正确的，但他完全站在反人民的立场，是贵族奴隶主意识的代表者，因此他全部哲学所产生的后果，都是对民主雅典不利的。当时希腊人民对苏格拉底的思想虽然并没有彻底的分析，但他们根据效果所得出的结论，与今天我们对苏格拉底哲学思想所作出的批判是完全一致的。

苏格拉底讽刺一般人民思想的混乱和雅典民主政治的各种措施，甚至根本否定民主雅典的一切。他所谓的一套共同的标准——"正名"，固然是代表贵族奴隶主利益的，但也并未建立。他只是站在雅典民主派敌人的最前线，到处诽谤和反对民主，等于宣扬恢复旧的贵族政治。

在丕娄波尼索大战期间和大战以后，苏格拉底和他的学生，皆有对人民不利的表现。苏格拉底的弟子大都是贵族出身，本来就站在反人民的立场，而苏格拉底更教导他们轻视人民，因此他的好几位得意门生在政治上都突出地表现了反人民的本质。这绝不是偶然的，而是苏格拉底反动思想教育的必然结果。例如丕娄波尼索大战后，三十暴君的领导人就是苏格拉底的学生，结果使雅典形成了一个短时期的寡头政治。此外保守的反动政客亚尔其比亚底和代表贵族利益的唯心哲学家柏拉图都是苏格拉底的学生。

公元前三九九年苏格拉底被雅典法庭判处了死刑。丕娄波尼索大战以后，雅典虽然恢复了民主政治，但这时雅典的民主政治基础不够稳定，在这种危机的时期，苏格拉底自然容易引起人民对他的注意。在过去，雅典人民已经看出他对人民不利的危险性，但大家觉得他很怪，并未加以理会，现在开始认识到过去对苏格拉底的态度太放任了，因此有人控告他，罪名是诱惑青年将他们引入歧途，造成对国家的危害。按雅典的司法习惯，凡向人民法庭控告的人必须向法庭建议一处罚被控告者的办法，一般原告建议的处罚，都比较重些，这样可以给予被告辩护的机会，然后法庭根据被告的辩护和被告自己认为应受何种处分的意见来作最后的判决。苏格拉底在法庭上的态度非常倨傲，不但不承认对国家有任何危害的行为，反而说对国家贡献甚大，国家应给予他优越的养老条件。最后苏格拉底为了遵循司法习惯不得不建议用罚款的办法来处分自己，但他所提出的罚款的数目非常小，以致让人怀疑他是和法庭开玩笑。法庭最后只好接受原告的意见，将苏格拉底判处死刑。苏格拉底轻视人民和法庭的狂妄表现，也是招致他死亡的原因之一。一般资产阶级的书上，把苏格拉底说成是一个殉道者，其实苏格拉底之死，完全应由他自己来负责。

总的看来，智者运动的思想包括苏格拉底在内，都是唯理主义的思想。他们从抽象出发，认为理性是至高无上的，一切都该合理，但实质上只是合乎贵族统治阶级的理，在具体表现上唯理主义否定了人民的一切，而建立起合乎少数人利益的一种概念和思想。这反映丕娄波尼索大战以后，代表民主政治的雅典的失败。虽然后来雅典恢复了民主政治，但由这次战争，民主政治在整个希腊世界来讲，愈来愈不能维持，而贵族政治日益猖獗，智者运动就是与这种政治发展相配合的贵族政治之精神武器。

柏拉图（Platon，公元前四二七—公元前三四七年）是苏格拉底的学生，他是城邦特别是民主城邦制度趋向于消灭时的一位哲学家。柏拉图出身于雅典的贵族阶级，一向轻视人民，是民主制度的明显的反对者，因此他从未参加当时雅典的民主政治活动，这恐怕受苏格拉底的影响很大。他二十岁的时候就成为苏格拉底的门生，前后一共八年，苏格拉底被判处死刑以后，柏拉图更加敌视雅典人民，所以公元前三九九年他离开了雅典周游各国，十二年以后才回来。他曾经到过希腊半岛各城邦，又周游了西西里岛、南意大利各希腊城邦和埃及。埃及的教士阶级对他的影响很大。公元前一二〇〇年后，埃及就是一个由教士阶级把持政权的国家，这是最彻底的最反动的贵族统治政治，但是它正合乎柏拉图的理想，因此，柏拉图在埃及吸收了不少的神权思想。公元前三八九年柏拉图回到了雅典，在雅典城外亚卡底谟公园中讲学。亚卡底谟（Academos）是古代半神半人的英雄，柏拉图在此讲学以后形成了亚卡底谟学派。

柏拉图的作品多，最重要的最能代表柏拉图的思想的著作是《理想国》，此书叙述了国家的组织和统治的道理，完全暴露了柏拉图政治思想的反动。柏拉图的作品大量流传到现在，这些作品都是用对话体裁，常常以苏格拉底为中心人物出场对话来表达自己的思想。辩论对话的内容非常丰富，里面穿插了许多神话和寓言的故事。柏拉图又是艺术语言的巨匠，他的文字非常优美动人，这一点很像我国的庄子，因此专就文字本身来说，他就具有很大的诱惑力。

柏拉图的哲学体系大致分三部分，也就是三个层次，即畴范论、自然论和至善论。柏拉图和一切唯心论者一样首先从观念出发，他认为宇宙最根本的存在是畴范，只有畴范即不可捉摸的观念，才是永恒的，不变的真实的存在着，它是万物的根源，而人所能观察到的物体，是虚幻的，只是畴范的产物，畴范的反映。例如真正的马，并不是我们所见的马，因为我们所看见的马是变化的，不住地产生着和消灭着，只有一个马的范畴，才是最完善的马，一切我们所能看见的马都是从这一畴范中产出来的。这就是说观念是第一位，物质是第二位，存在应该由意识来决定。这完全是因果倒置的唯心论，人的观念本来是产生于对物质的认识，所以观念建立在物质的基础上，而柏拉图将概念的名词翻来覆去，这种哲学思想反映在政治上必然是反动的。

柏拉图用与实际脱离的概念来解释自然和世界的结果，使他认为在畴范支配下的自然界有高低不同的各种等级，在这一宇宙观上，柏拉图建立了他的人生观，这就是他的至善论。柏拉图认为畴范活动发展的最后目的是产生人类，人类必须追求最高理想的人生，因此要取得至善的生活，就是与上帝本性相近的生活。上帝即最高的畴范，在这里明白地表现了唯心论与宗教思想的结合。

怎样才能达到人类所要求的合乎公道正义的至善生活呢？柏拉图认为只有用教育的办法，这种教育并非个人的修养，而是要靠国家的教育机构来完成，柏拉图认为只有这样的国家才能推行合理的教育政策。在这里，柏拉图描绘了他所理想的国家的形式和组织。照他的意见，国家应该有严格的阶级划分，由三种阶级的人来组成：（一）哲王，即具有无限王权的哲学家，由他们来统治国家。（二）战士，在哲王的支配下保卫国家防止外来的侵略和镇压民众暴动的阶级。以上二种人都是统治阶级。（三）大多数的人民，柏拉图认为这种人应该完全被排除管理国家的范围之外，受以上二种人的统治，并且要从事一切的体力劳动来养活和服侍哲王和战士。

柏拉图认为小孩出生后即由国家管理，任何小孩都不属于父母所有，甚至不认识父母，从一岁到二十岁受各种不同的教育，二十岁以后由国家来决定应该成为什么阶级的人，当然只有极少数的人才能成为哲王和战士。

以少数上层贵族的专制统治为目的的理想国，实际上就是斯巴达寡头政治更“完善”的形式，因此柏拉图是同情和倾向民主雅典的敌人的。

柏拉图的政治思想虽然倾向斯巴达，但他知道斯巴达是不允许哲学家存在的，假如柏拉图到斯巴达去，斯巴达对他并不会欢迎，但柏拉图情愿拥护不允许他存在的斯巴达，而反对不但允许他存在而且允许他自由讲学的民主雅典。从这里我们可以认识到阶级立场对一个人的思想所起的决定力量，一个人可以为了本阶级的利益放弃自己的一切。

柏拉图的哲学对后世的影响极大。他创造了完整的唯心哲学系统，这一系统是以后欧洲二千多年唯心哲学学派直接或间接的基础。西欧中古时代的所谓亚里斯多德思想，基本上仍然是柏拉图的思想，直到今天美国最反动的唯心哲学，或多或少都是受了柏拉图的影响。

第六章 希腊罗马城邦时代（下）
——马其顿之兴起与罗马之开始强大
（公元前三六二—公元前三二三年）

这是城邦制度崩溃时期，马其顿兴起入侵希腊，罗马强大势力达意大利全境。

城邦制度明显的已经失败，无法维持下去，东地中海的城邦为马其顿统一，西地中海的城邦为罗马统一。

这一发展过程，就希腊来讲，是各城邦内部阶级矛盾无法解决的结果，大奴隶主贵族为了维持本阶级的统治，不惜采取任何的手段，最后甚至欢迎强大的新兴的马其顿势力来帮助他们镇压国内人民，夺取政权或巩固统治地位。

意大利方面可以从二方面来看：就罗马来讲，罗马内部贵族与平民的阶级矛盾推动了罗马的向外发展；但另一方面，从被罗马征服地方内部的政治社会情况来看，——虽然关于这一方面的史料一点也没有，但我们根据整个历史的发展，可以判断当时罗马一定尽可能的利用这些地方内部的矛盾，来达到自己侵略的目的。在古代一个太小的国家遭到一个过度强大国家的侵略，等于是自然的灾害，往往无法抵抗，但这是很特殊的情况。一般来说，一国想征服另一国，它在一定程度内或多或少的要利用对方内部的阶级矛盾，并不单纯依靠自己的军事力量，罗马征服其他城邦，大概也不例外。

一、马其顿

马其顿原来是希腊落后的地区，当希腊其他地方皆进入阶级国家出现的社会阶段时，马其顿仍然长期停留在氏族社会。大约在公元前四〇〇年左右，由于生产力的提高，并且长期接受了南方希腊人的影响，开始有了阶级的分化，国家出现，战争日渐频繁，许多小国互相争夺。这些小国战争的历史，早期无记载传下，故根本不知，晚期虽然后来有一些追溯的记载，但也很少。公元前四世纪初，有一小国国王亚敏闼（Amyntas，公元前三九〇—公元前三六九年）征服了其他小国，统一了马其顿。

马其顿第一个重要的王是腓力普（Philippos，公元前三六五一公元前三五九年）。未即王位以前，腓力普曾在提比做质子（公元前三六八一公元前三六五年），当时提比是希腊世界的政治中心。在这种环境下，腓力普熟悉了提比和整个希腊的社会政治情况，这对他日后的事业影响很大。

腓力普深知希腊的优缺点，优点加以学习，缺点在日后向外扩充势力时可以利用。他即王位以后首先是大规模的变法和改革。在马其顿内部条件许可的情况下，尽可能的将马其顿的政治社会制度希腊化，加强内部的组织，尤其注意军事的改革。在这方面，腓力普吸取了提比的许多经验，但更创立了许多先进的办法，设常备军，作战时布置一种方阵，方阵横排和竖排的人数相等，最少时每排四人，最多达二十五人。这种阵势敌人很难冲破，但却有利于进攻，故对马其顿后来征服希腊及其他地方起了一定的作用。

不久，马其顿变成了希腊世界最强大的国家，腓力普开始向南发展。最初并不完全靠武力，他尽可能的利用希腊各城邦的弱点，用金钱去贿赂可以被自己利用的人，制造和扩大亲马其顿的派别，并极力建立亲马其顿的政权，以达到不战而胜的目的。这种例子很多，例如雅典，当马其顿强大以后，国内很自然的就分化为二个派别，这二个派别的前身，即民主派与贵族派。民主派要维持一般公民自由统治，所以反对马其顿这一派的主要领导人是雄辩家德谟斯提尼（Demosthenes），德谟斯提尼曾发表过好几篇有力的演说，鼓励雅典人民反抗马其顿。这些演说称为反腓力普演词，大都传到今天，文辞优美动人。贵族派亲马其顿，他们要靠马其顿的力量来维持国内之统治，此派代言人是雄辩家埃斯其尼（Aeschines），发表演说劝希腊人投降马其顿，这些演词大都传至今天。

不仅在雅典，其他许多地方都有亲马其顿和反马其顿的派别，有些地方甚至建立了亲马其顿的政权，实际上成为马其顿的属邦。

公元前三三八年，马其顿打败了由提比领导的同盟军。提比是当时希腊民主势力较大的城邦，同时力量也比较强大。提比失败后，希腊各地已经没有能力反抗马其顿了。

公元前三三八年腓力普在科林陀城召集全希腊大会，邀请了全希腊各城邦参加，但斯巴达拒绝到会，不肯接受马其顿的盟主地位。

公元前三三七年，腓力普在科林陀召集第二次全希腊大会，此次大会决定对波斯宣战。

当时希腊各城邦实际上都在马其顿的控制之下，虽然有些城邦并未建立亲马其顿政权，腓力普也知道他们无力反抗，但各地人民并非完全乐意接受马其顿的统治的，腓力普为了转移各地人民的视线，决定一致对外对付国外共同敌人的办法。过去二百年来，波斯一直都是希腊世界最大的威胁，希腊人民除了奴隶以外，不分阶级都憎恨波斯。因此，对波斯宣战的号召最动人最响亮，能获取广大人民的拥护，对马其顿来说好处更大，因为这一号召最能模糊人民对内的注意力。

另一方面，波斯帝国从印度边疆到西方的埃及，几千年来世界古国所积累的财富都为波斯占有，希腊人尤其是统治阶级认为对波斯作战可以大肆抢劫财富，故这一号召对希腊人的诱惑力极大。

第二次科林陀大会又宣布禁止解放奴隶，这显然是代表大奴隶主阶级利益的。但腓力普志未成而死（公元前三三六年），他死后他的儿子亚历山大即位，继承了父亲的遗志。

亚历山大三世（公元前三五六—公元前三三六—公元前三二三年）即位后仍为希腊盟主。公元前三三四年出征小亚细亚，带领了步兵三万二千人，骑兵五千人，由一百六十只船来装载渡河。就当时希腊人口及经济条件来说，这是一支很大的军队。亚历山大先征服波斯帝国的西部领土，先后三年。第一次战争是革兰尼科之战（Granicos，公元前三三四年），波斯的希腊雇佣军失败。次年在小亚细亚东南部进行的伊朔（Issos）之战，将波斯王亲自率领的军队打败，波斯王东逃。故到了公元前三三三年，小亚细亚完全被亚历山大占领。

公元前三三二年用政治手段解决了叙利亚的问题，但推罗城拒绝投降。推罗是腓尼基最大的商业城，此城一半在海岛上，一半在大陆上，亚历山大从陆地修了一条通海岛的栈道，七个月以后占领了全部推罗城。亚历山大修的栈道，在军事史上有很重要的意义。

埃及并未抵抗就投降了（公元前三三二年）。亚历山大在尼罗河口建立亚历山大里亚（Alexandria）城，此城后来在政治、经济、文化上的地位十分重要。

亚历山大采取了波斯与埃及关于王是神的儿子的说法，自称为亚门丢斯（Ammon-Zeus）之子。亚门、丢斯是埃及和希腊最高的二个天神，亚历山大将二个神合而为一，利用埃及的神话，让埃及教士承认他是这二个神的儿子，这等于利用神在理论上巩固他在希腊和埃及王的地位。

公元前三三一年亚历山大回到了小亚细亚，开始征服波斯帝国本部及东部（从两河流域到印度的西北部）。最初并未遇到抵抗继续向东追击，在底格里斯河上游的果戛米拉（Gaugamela）地方打败了波斯的主力军。公元前三三〇年波斯王被杀，波斯境内大乱。公元前三二九年继续东侵，侵入中亚，当地人民对希腊军进行了长期的反抗。亚历山大在此停留二年，经过了无数次大大小小的战争，直到公元前三二七年才将当地的反抗镇压下去。公元前三二七年向南进军，入印度五河流域。公元前三二五年，因亚历山大军队在当地水土不服，死亡甚多，在全军强迫下亚历山大回师，仅留下一小驻防军于印度西北部。

回师以后，亚历山大停留在巴比伦城。他订立了一个庞大的计划，企图将希腊、波斯二种不同的人种和二种不同的文化混合为一个种族和一种文化。因为亚历山大比过去许多征服者有远见，他知道只凭武力，帝国是无法长久维持下去的，他决定用一种文化和精神的力量来维系帝国内部的团结。从希腊、埃及到印度西北部这样一个大的帝国，首都应该是在比较适中的地方，故亚历山大决定定都巴比伦。公元前三二四年亚历山大开始逐步实行他的庞大计划，第一步先打破各种族之间的界限。他鼓励希腊人和波斯人结婚，他自己就娶了一位波斯王族的女子为妻，他的部将也纷纷效尤。但亚历山大在公元前三二三年当他三十三岁那年去世，他的远大计划未能完成。

亚历山大的计划也有部分得以实现，这完全是历史客观形势的推动所致。亚历山大帝国将从希腊到中亚、印度的一大片土地第一次的用武力统一起来，将它们置于一个政权的统治下，使各地交通除了自然的障碍外，已无任何的政治障碍，因此商业的活动，比过去方便而渐渐频繁了。

亚历山大向东方扩充领土时，建立了许多希腊城邦，让希腊人在那里统治，并鼓励希腊人向这些城邦移民，重要的城邦有二十五个——有说六十余或一百个以上，但就其后来发生影响及作用的约二十五个，希腊城邦的建立更进一步的推进了东西的商业交通。

希腊人是这一帝国的统治者，又大规模的经营商业，因此希腊的文字语言在整个帝国中通行，历史上称这以后的几百年为希腊化时代。

二、罗马之成为意大利最强国家

这一时期罗马渐渐成为意大利最大的国家，不断向外扩充领土，到城邦时代结束时罗马征服了意大利中部南部地方。

罗马的贵族和平民对罗马的向外扩充领土，都起了推动作用，但贵族尤为积极。贵族要向外侵略抢夺土地以扩大其剥削面，罗马平民是赞同贵族这一行动的，因为贵族们征服一个地方以后，虽然将大部分的土地或自己留下，或在收归国有名义下由他们控制，但总要留出一部分分给平民。贵族用这种办法来缓和内部的阶级矛盾，是取得一定的成功的。罗马很长一个时期，内部阶级斗争，实际上都很尖锐，但由于向外侵略，始终未能爆发成为激烈的革命。

罗马最早向拉丁区扩张势力（拉丁区即罗马附近的区域，罗马城本身也是拉丁区的一部分）。罗马一方面用武力征服，同时也用外交的手段来达到自己的目的。传说公元前四九三—公元前四八六年罗马与拉丁区的许多国家组织了拉丁联盟，但联盟与罗马之间时常发生冲突。公元前三四〇—公元前三三八年，拉丁联盟乘罗马与外敌作战之时，起来反抗罗马，企图摆脱罗马之控制，但遭到失败。此后名义上平等之联盟关系取消了，拉丁区成为罗马的属地，直接由罗马控制。

拉丁区北部有一种人叫伊楚斯科人，有一时期他们很强大，可能曾经征服过罗马。公元前四〇五年罗马出兵攻打他们，在拉丁区与伊楚利亚（Etruria）交界的菲伊（Veii）地方双方大战，经过了十年的工夫，到公元前三九六年，罗马始攻下，此后其他伊楚利亚的城市很快的都被罗马征服了。

征服伊楚利亚以后，罗马向南发展，与散尼提人（Samnites）因争夺意大利中部靠海的堪盘尼亚（Campania）发生了冲突，前后有三次较大的战争。第一次大战从公元前三四三—公元前三四一年，前后三年。这一战争刚结束，拉丁联盟进行了一次推翻罗马统治的反抗，但被罗马镇压。第二次大战从公元前三二六—公元前三〇四年，第三次大战从公元前二九八—公元前二九〇年，都是罗马胜利。第三次大战时，未被征服的伊楚斯科人及意大利半岛东部的高卢人与散尼提人组成了联盟，共同抵抗罗马人。公元前二九五年双方大战于意大利南部的森提侬（Sentinum），罗马取得了最后的胜利，散尼英（Samnium）为罗马占领。故到公元前三世纪初年罗马已成为意大利半岛上最强大的国家。

罗马对被征服的地方实行一种分而治之的办法，对待各区及各区对罗马的义务的规定皆有所不同，这样就人为的造成了各被征服地区之间的隔阂和矛盾，使他们不容易联合起来反抗罗马。对属土的统治大致分以下几类。

（一）市府区，内政完全自由，当地人并且可以享受罗马公民的联婚权及通商权，与罗马公民可以通婚，与罗马人可以自由经商，但他们并无罗马的公民权，不能到罗马城中去参加政治活动。

市府区内人民所享受的权利总称为拉丁权，因早期享有此种权利的是拉丁区的人民，这是罗马公民以外享受待遇最优越的人。

（二）移民区，把被征服的地区划出一部分，将当地人全部赶走，而由罗马移殖进去，这种地区叫作移民区。移民区有大小之不同。小区等于罗马之驻防区，全部都是罗马人，他们享有罗马公民的全部权利，保留罗马公民的地位，但不能在当地建立自己的政府，而是受罗马城直接统治。较大的区是罗马人与拉丁人联合移殖的地区，这些人一律享受拉丁权，他们有简单的自治权，但必须受罗马城的控制。后来这种地区的人口渐渐增加，罗马准许他们依照罗马城的政治制度建立自己的政府，同样有二个执政，称 duumviri，也有元老院，称 curia。

（三）同盟区，名义上是罗马的独立的同盟国，各国皆与罗马单独订有条约，规定二国之间的关系，各国所订条文不同，但内容大致有以下几点：（1）内政自由；（2）不入贡，对罗马并无经济上之义务；（3）自成军事单位，要组织陆军或海军跟随罗马人向外作战，作战时各盟国军队仍独立编组，自有统帅，这是同盟国对罗马的唯一义务；（4）无自由的外交权。

（四）其他，对尚无城邦组织出现的地区，罗马也有不同的统治办法，罗马称这些地方为“空地”“农村”“会议”“乡区”，因为这些地区基本上是农业地区，有时还存在着氏族社会的会议制度。罗马对他们的统治办法有二种：一种是派守，由罗马直接统治；一种是将它们附属于市府区、移民区或同盟区的城市，称为该城市的附属区，由该城市来管理他们。

罗马的向外扩充，对内部社会政治的发展有很大的影响，罗马已经萌芽的奴隶制度开始大规模的发展起来，奴隶数目增加了，奴隶在劳动生产中所占的地位也愈益重要起来，这一时期罗马奴隶的来源，完全是从外面输入的，就数目来讲最多的是战俘。其次是罗马各地之属民因罗马剥削的惨重，或因欠税，或因缴税而致借债无法偿还，最后沦为奴隶。另外还有用钱买来的奴隶，当时地中海有许多海盗，他们除了劫掠商船外，还在海岸上大规模掳掠人口，带到奴隶市场中去卖，罗马人常常出钱购买奴隶，特别是购买有技能的奴隶。

罗马奴隶分官奴与私奴二种。官奴从事以下三种劳动：（1）公共业务，做国家建设方面的工作，例如修建或管理水道、道路、公共建筑，及一些打扫工作。（2）公共职务，主要的是庙宇，或公共机关之差役、刑吏、狱卒。（3）开矿。

私奴分为二大类——城市中的私奴和农村中的私奴。城市中的私奴大都在城市豪富之家特别是元老的“公馆”中服役，这些豪富显赫之家，往往拥有几十甚至几百个奴隶。一般罗马人认为从事体力劳动是可耻的，即使是很贫苦的罗马公民也极力逃避任何体力劳动，至于贵族更不待言了。贵族家中之奴隶包括保镖、厨师、理发师、鞋匠、织工、石匠、染工、建筑师、抄写员、教师、医师、音乐师、演员，另外还有替主人认客人的“知名”，这些奴隶只有少数是从事生产劳动的，大都在家庭中服役。

农村之私奴主要是从事生产劳动。罗马贵族大量劫夺了被征服地区的土地，这些土地皆成为大的田庄，用大量奴隶来经营。平常在农田中劳动的人都是奴隶，只有在农忙的时候才雇用自由小农与奴隶一齐工作。

罗马奴隶所受的待遇及生活情况：最初主人可以随意杀害奴隶，但后来至少在制度上已经不允许主人随便杀奴了，但假如主人在家中被人杀死，那么不问凶手是谁，家中所有的奴隶都要被处死刑，这说明奴隶不仅用劳动为主人服役，并且法律强制奴隶对主人的安全负完全的责任。同时，无论主人用什么方式虐待奴隶，奴隶都不能到法庭去控告其主人。奴隶虽然可以婚嫁，但一定要得到主人的允许。一般城里的奴隶大多数都能过家庭生活，但农村里的奴隶大都没有自己的家庭，许多奴隶在一起过着集体的牲畜一般的生活。关于财产，奴隶如果得到主人的许可，是可以积蓄一些私财的，能积蓄私财的奴隶大多数也是城市中的私奴，因为他们在主人的家庭中服役，主人和他们在感情上多少有些关系，虽然奴隶在奴隶主看来不算是人，但在实际生活中有时还可以把他们当作人。农田中的奴隶情况就不同了，主人只考虑如何压榨他们拿到城中来供自己的享乐。平常主人不到田庄中去，他派一个为自己所特别信任的奴隶去监视田庄，这一奴隶已经完全叛变了他原来的阶级立场，成为奴隶主的帮凶。他对奴隶的敌视有时甚至还超过他的主人，对奴隶极力虐待，经常鞭打，夜间将他们囚在地下室，有时甚至用镣铐扣住奴隶的手脚，以防他们逃跑。

这时罗马不把奴隶当作人看待的思想完全确定，他们称工具为“哑吧工具”，称牛马为“半哑吧的工具”，称奴隶为“会说话的工具”。

另外罗马人有一种释奴制度。奴隶可以被主人解放，但解放以后并不算作自由人，而称“释奴”。释奴和主人的从属关系仍然存在。主人是门主，释奴是门客，但与自由人身份之门客仍然不同。他们经常在主人家里服役，每晨向主人请安，主人如果不命令他离开，那么他是不敢擅自回家的。同时他不能拒绝主人命令他做的任何事情，如果对主人表示了“不恭顺”的态度，主人经过一定的手续，由法律承认，释奴仍然可以降为奴隶。

三、城邦时代政治社会发展总论

外交是内政的延长，城邦时代的历史更清楚的说明了这一点：

这一时期每一城邦内部皆有双重的阶级斗争——自由人与奴隶之间以及自由人内部贵族与平民之间的矛盾与斗争。各城邦间在这一时期内不断发生战争，这种战争的性质一般不超过二个类型：（一）为了夺取土地和人民，这种战争大都为大奴隶主所发动。（二）为了打击制度上异己的国家。许多战争往往同时包含了以上二个因素，在这二个因素的推动下，各城邦之间就不断发生大小规模不同的战争。任何国际战争都会引起内政的波动，甚至引起内战，因为每一个国家的党派，总是乘着对外作战的机会，更加强做一种对自己有利的政治活动，与其对立的政党进行斗争。尤其是失势的在野党，更认为对外作战时期是夺取政权的良机，故往往勾结外国，甚至勾结敌国内部与自己利益一致的政党，作为他们对内斗争的助力。当政的政党，虽然一般并不显著，但实际上也是这样，他们为了巩固自己的统治往往也勾结外国。

关于奴隶在当时的社会情况下，组织大规模反抗的机会是不多的，但奴隶也能利用对外作战时期，统治阶级无暇顾及国内的情况下起来暴动。关于这一方面的记载，据我们所知，大规模的只有一次，即丕娄波尼索大战末期，雅典失利，国内矿奴二万人乘机集体逃亡，但这只是消极的反抗，并非积极的斗争。有些国家为了打击敌国，也不惜去帮助敌国国内的奴隶起来反抗，这些例子甚少，因为城邦国家都是代表奴隶主利益的，除非在军事上有绝对必要时才这样做。雅典在丕娄波尼索大战时，曾组织希洛人，并给他们武器，怂恿他们起来反抗斯巴达政府。

希腊的城邦制度始终是不稳定的，没有长久维持的可能。所谓不稳定就是各城邦内部阶级矛盾非常剧烈，任何一阶级，尤其是贵族大奴隶主，把持国家政权时，为了巩固自己的统治，总是勾结外力大奴隶主政权。一般的都是勾结斯巴达，而斯巴达也不过是一个城邦，力量也很有限，故各国内部的贵族阶级，无论在野或在朝的政党，往往去勾结波斯。波斯是当时非常强大的贵族国家，它想征服希腊的企图虽然失败，但仍然找寻机会通过希腊各邦内部的阶级矛盾来干涉各邦内政，有时这种干涉甚至表面化了，成为半公开的或公开的干涉。马其顿兴起以后，贵族勾结外力更方便了。因为波斯无论如何总是外国人，和他勾结好像说不过去，而且为希腊绝大多数的人所反对，甚至贵族中人也有反对者。但马其顿出来以后，这种勾结则可以公开了，所以马其顿主要的是由于它利用了希腊各邦内部的阶级矛盾，才使它迅速的征服了所有希腊城邦，统一了全希腊。

马其顿本来是希腊的一个落后地区，在大的地区中，它可以说是最后由氏族社会转入有阶级国家的社会。国家出现以后，马其顿就是一个统一的大国，由贵族奴隶主掌握政权，所以它出现后，希腊各邦之贵族立即认为这是他们最可靠的靠山。因此马其顿征服各邦，虽然也用过武力，但基本上是各邦贵族的自动投降，为了稳定他们的统治，甘心放弃国家的独立。

关于罗马这一段历史的发展，基本上与希腊相同，在现象上却仍有区别。所谓基本上相同是指的罗马内部的阶级关系与阶级矛盾与希腊一样，但罗马自由人中贵族与平民之间的关系在表现上与希腊不同。贵族一直就是统治和压迫平民的，平民一直都在反抗，罗马贵族利用平民内部的现有条件来削弱平民的反抗，一般用以下二种办法：（1）经常不断的对平民作一点一滴的让步，这样就避免了平民的革命，让步以后，平民内部开始分裂，一部分人斗争情绪低落下去，所以罗马始终没有发生过一次大的革命，而政权总是操在贵族手中。（2）随着一点一滴的让步，罗马贵族逐步的吸收平民中财产多的或是才干较高的人到贵族社会中来，最初大都作元老，后来所有国家官吏平民皆可担任。这就是说贵族尽量去收买那些有能力领导平民的人，让他们参加自己的政治集团，以削弱平民的力量。除此之外，贵族还利用向外扩充领土的办法，一方面可以扩大自己的剥削地盘，一方面用以缓和国内的阶级矛盾。征服的土地大部分都为贵族所占有——贵族直接占有或以国家的名义占有，每一次总留一部分给平民。所以对外的侵略战争，虽然每次都由贵族积极发动，平民也很拥护，这样就一部分或全部转移了人民的斗争的目标，他们忘记了至少是忽视了贵族对他们的剥削和压迫，而将注意力转向对外的战争。结果使罗马基本上能缓和国内阶级矛盾，稳定内部社会秩序，因此很快的罗马就变成了意大利半岛上最强大的国家，最后统一了全意大利。

四、希腊文学之始衰

城邦时代末期，因城邦制度的崩溃，使反映城邦生活的希腊文学日渐衰落。这时在文学上唯一重要的发展是演说文学和辩论文学，这种文学虽然早已出现，但这时才获得高度的发展，这是和城邦政治生活有极密切关系的文学，是城邦政治生活的一种表现方法。今天我们政治生活的表现和方法，就技术上来说，是不能脱离广播和报纸的。在当时的希腊民主国家中，每一种政治活动，里面都意味着党派的斗争，当时从事政治活动的人，大都具有演说和辩论的能力，因为这可以说是与敌对党派斗争的重要技术。同时在另一方面，当时希腊民主国家中尚无律师出庭的制度，每一个人在法庭中只有靠自己来辩护，所以当时有许多人专替被告或原告来写辩护词。在以上二种政治社会的要求下出现了一批雄辩家。在公元前五世纪时，这些雄辩家开始将替人写辩护词当作一种正式的职业。最早的一人名科拉克斯（Corax），是西西里岛上叙拉库西人，另一人叫郭基亚，又是有名的哲学家。有名的雄辩家大都是雅典人，即便不是雅典人，往往也在雅典活动。例如利西亚（Lysias，公元前四五八—公元前三七八年），伊西沃（Isaios，公元前三九〇—公元前三五三年），他们都不是雅典人，但在雅典活动，成为有名的职业雄辩家。

城邦时代晚期，雅典出现了一位希腊史上最有名的雄辩家伊苏科拉提（Isocrates，公元前四三六—公元前三三八年）。他在雅典设立学校，专门教学生演说和辩论。伊苏科拉提本人不善于说话，但写的演说词十分动人，有许多由他执笔的辩护词和演说词，不仅在雅典，在整个希腊世界都流传，是一般学习演说和辩论的最好的材料。但伊苏科拉提的思想与柏拉图很接近，是贵族的代言人。他极力主张希腊的统一，而这种统一是要由马其顿人来完成的。伊苏科拉提用十年的工夫写了一篇文章Panegyricos，极力宣扬马其顿统一希腊的思想，这是他一生最精心的作品。此外他还写过一篇文章Areopagiticos，完全提倡复古，但用比较和缓的办法，并非明显的主张贵族独裁。他认为索伦时期的政治是最合理想的，这种缓和的复古思想对人民的迷惑力甚大。总的说来，伊苏科拉提的思想完全是代表贵族利益的，但就文学的发展来说，他的地位很重要。

埃斯其尼（公元前三八九—公元前三一四年），雅典人，出身商家，是一个更彻底和露骨的亲马其顿派，并且曾经接受过马其顿的贿赂，故在雅典极力替马其顿宣传。

德谟斯提尼（公元前三八四—公元前三二二年）出身雅典商家，幼年曾遇过许多波折。他父亲去世的时候留下许多财产，交给别人代为保管，但德谟斯提尼成年以后，此人将财产吞没不肯交出，德谟斯提尼向法庭控告，因口吃不会讲话，又无钱请人代写辩论词所以失败。德谟斯提尼从此以后乃学习演说，用最大的决心和高度的毅力克服了口吃的毛病，最后成为一个雄辩家，终于在法庭上驳倒对方，将财产收回。

德谟斯提尼是民主派之人。当他成为一个雄辩家时，希腊有许多地方已在马其顿势力的控制下，德谟斯提尼前后写过三篇反腓力普的文章，对鼓励雅典反抗马其顿侵略、反对贵族阴谋起了一定的作用，他自己与亲马其顿派的埃斯其尼作过直接的斗争，写过一篇《金冠论》揭发埃斯其尼之弱点，并且判断埃斯其尼一定接受过马其顿的贿赂。其文章说服力很强，条理清楚，理由充足，感情十分丰富，所以最后完全打败了埃斯其尼，此后埃斯其尼无法再在政治上活动。

无论从思想上技术上来看，德谟斯提尼都是希腊的一大雄辩家。

总的看来，希腊城邦时代文学有很高的教育意义，对当时各民主国家的人民起了一定的教育作用，因为这些民主国家的文学，基本上是有人民性的。例如戏剧，它的剧情完全反映了当时人民所注意的关心的政治社会或思想问题，虽然这些戏剧并非完全站在人民立场所写，但多数还是站在人民方面说话的。就是站在贵族立场的戏剧家，其作品也提出了一些问题，能使平民更明确斗争的路线。所以城邦时代的希腊戏剧都是密切的和各城邦的政治生活相联系的。

至于演说和辩论文学更不待言了，它的本身就是一种政治活动。此外还有诗，在这一时期内希腊的诗只有极少数是专门供给少数人欣赏的，一般的诗都是为朗诵而写的，其中也有些直接的牵涉政治问题在内。每一篇诗，经过朗诵以后，往往引起大家的辩论，对诗之内容、技术、思想都可以自由提意见，所以连不识字的或识字极少的民主国家之希腊人，也有赏鉴诗之能力，故诗有它较广的群众基础。

当时唯一没有人民性的文学作品就是史学。史学在希腊有一定的发展，但史学作品并不是为了朗诵而写的，也很少人去读，尤其是一般人民，即使能识字也无时间去读这样长的史学作品，因此它只为少数人欣赏和消遣。最早的历史，就是叙述故事，例如希罗多德的战史，其中包括了许许多多故事。今日的历史是基本之科学，但当时完全是文学，并且还是由少数人消遣欣赏、没有群众基础的文学。

五、城邦没落中之哲学

建立在城邦基础上之希腊哲学，因城邦制度的崩溃，开始衰败，哲学衰败的明显表现是犬儒主义思想的出现。犬儒主义（Cynicos）一名，一说是因为该派讲学地点而得来，又说因犬儒主义者性情怪僻，不满现实，经常谩骂攻击有如狂吠，故得名。

最早的犬儒主义者安提斯提尼（Antisthenes，公元前五、四世纪间）是苏格拉底的学生，在其诺撒基（Cynosarges）地方讲学。因希腊城邦国家政治独立地位之丧失，旧的社会制度又崩溃，而新的尚未建树，在这一空白期间许多哲学家的精神无所寄托，只好“反求诸己”了。犬儒主义者就是抱着逃避现实的愤世态度，来对待一切事物的。安提斯提尼穿着极破旧的衣服，逃避人生的享乐，柏拉图曾批评他说：“安提斯提尼满身傲气，从他破旧衣服的窟窿中向外冒。”说明了犬儒主义者的傲然冷漠。

另一个犬儒主义者狄欧基尼（Diogenes，公元前四一二—公元前三二三年）是西诺邳（Sinope）人，也是一个极端愤世主义者。他的避乐主义比安提斯提尼更为彻底。狄欧基尼不穿衣服，在身上套上一个大木桶，一有机会就骂人。传说有一次亚历山大去找他，问他有什么要求，狄欧基尼傲然回答说："请你走开不要挡住我的阳光，这就是我唯一的要求。"这一传说不一定可靠，但足以反映犬儒主义者的思想作风。

但这时出现了一个并未受以上思想影响的大哲学家亚里斯多德（Aristoteles，公元前三八四—公元前三二二年）。

亚里斯多德是马其顿之斯塔基拉（Stagira）人，父亲尼叩马科（Nicomachos）是马其顿王的御医。早年亚里斯多德也攻读医学，但后来在雅典长期受教于柏拉图，后来马其顿王腓力普聘请他为太子亚历山大之师（公元前三四三—公元前三四〇年）。由于与亚历山大的师生关系，亚历山大在东侵时期为亚里斯多德搜集了许多丰富的植物、动物、矿物标本，对亚里斯多德后来自然科学的成就帮助很大。

亚里斯多德的讲座设于雅典城外之亚波郎·里其沃（Apollon Lyceos）庙中（公元前三三五年或公元前三三四年），故亚里斯多德学派有里其沃学派之称。又因亚里斯多德在讲学的时候，习惯在花园中徘徊，与学生边走边讲，故当时人称他为走路的学者，称他的学派为走路的学派。

亚里斯多德酷爱读书，是当时最大的藏书家，在博览群书的基础上，创立了自己独特的见解。他又是今日所知全世界第一个著述特别丰富的人，他的著作可以分以下几类。

（一）方法论。最重要的一本书，就称《方法论》是演绎逻辑的作品，这是全世界第一本讲逻辑学的专书。

（二）理论哲学。最重要的有《物理学》和《超物学》。《物理学》是讲物质世界，并对物质世界作一概括的解释；《超物学》则对物质世界提高到哲学上来认识，这就是后来的形而上学，但它不同于后来形而上学的是它并非完全唯心。

（三）实用哲学

（1）伦理学。（2）公民学，即政治学。（3）宪法史。亚里斯多德曾经写过希腊一五八个城邦的宪法史，这是一个非常艰巨的工作，因当时希腊各城邦并无成文宪法，亚里斯多德根据过去阶级斗争的历史，来解释今天的城邦制度。这一五八本宪法史已完全失传，只剩下雅典的一本，这是一八九〇年在埃及发现的，除了前几页残缺外，完全完整。

雅典宪法史是根据安周提昂的编年史补充以自己搜集的材料写成，故内容非常真实可靠，亚里斯多德尚能客观的记载当时雅典的政治社会情况，这是我们今天研究古代希腊史最重要的文献之一。

（四）文艺评论

（1）《文词》。这是希腊第一本系统的修辞学书，其中包括修辞学的基本道理，过去希腊人虽然注重说话的修辞，但在亚里斯多德以前尚无人提高到理论上有系统的分析过。

（2）《诗品》。这是今天所知道的最早评论诗的一本专著。

关于哲学思想，亚里斯多德首先从物质世界出发，他吸收了埃及、巴比伦的自然科学成就，再加上自己的研究，在一个大的概括性的自然科学基础上来解释宇宙。亚里斯多德认为一切物体由四种基本元素水、土、火、气所构成，这一思想对后世影响很大，欧洲及回教世界在中古时，对宇宙的认识始终未能摆脱亚里斯多德四质论的影响。

对于生物，亚里斯多德认为生物与无生物的最大区别，在于生物能自然滋长，并且是有目的滋长，植物的滋长是为了供给动物以食品，动物滋长的目的，是供给人类食用。但动物比植物高一等，这是因为动物不同于植物，它是有感觉的。有些人以外的高等动物还有记忆力，但只有人才有理性，所以人是有灵魂的，人死以后，灵魂就不存在了。人的灵魂和理性的关系就是物质和畴范的关系。关于这一点，并非宗教概念，而有它一定的科学意义。

人如何去认识外界世界呢？亚里斯多德认为人对外界世界的认识是由于离开人类而客观存在着的物所引起的，所以人完全受外界的感应，由感应而产生出的反映，就是知识的唯一来源。

在以上的基础上，亚里斯多德进一步的发挥了他的哲学思想。亚里斯多德认为宇宙中任何一种现象都有最后的畴范，但并没有一个超然独立的畴范，物质是达到畴范的基础，脱离物质的畴范不能存在，二者在物质世界的结合，就构成了个别的物质，这是亚里斯多德的创造论思想。以上思想虽然否定了柏拉图神是最高畴范的观念，也批判了柏拉图视物质世界为虚幻的唯心论，但亚里斯多德认为世界物质的基础，有物质与畴范二个始源的说法，是二元论的见解，和其他任何二元论者一样，归根结蒂亚里斯多德仍未完全摆脱唯心主义立场。

关于人生哲学—— 伦理与政治，亚里斯多德首先认为人是政治的动物。他说人既不是神也不是畜生，因为畜生只有感觉没有理性，它们不可能有政治生活，而神的理性又太高了，无需有政治活动，只有人既有感情也具有理性。亚里斯多德认为人最合理想的生活，就是将情感与理性适当调和，只有将二者适当调和，人与人之间的利害矛盾，才能圆满解决。这就是他的中庸思想。但亚里斯多德认为调和情感和理性的力量不是个人所能有的，而要靠政治来解决，因此，亚里斯多德认为人的集体生活是绝对必需的。

亚里斯多德认为有三种政治制度—— 君主政治、寡头政治和民主政治，这三种政治制度并无绝对的好坏。君主政治是由国君一人来全权治理国家大事，假如国君很贤良，那末这种政治制度也未尝不好，但君主政治往往容易变成暴君的统治。寡头政治是少数人独裁的政治，如果少数把持政权的人对国家全局能看得比较清楚，并将各方面利益适当调和，那也很好，但寡头政治极易变成少数人的残暴统治。至于民主政治，至少在原则上理论上应该比以上二种政治制度合理，能使全体自由人都有参预政治的权利，但有时往往容易受政客利用，成为暴民政治。

亚里斯多德认为只要将权利界限划分清楚，让每一个人认识自己的权利与义务，然后按着去做，任何制度都能实行得很好。但亚里斯多德认为阶级的区别是必需的，许多人只能做奴隶，他们不能享受政治权利，甚至对自由人里面从事体力劳动的人的政治权利也应限制。

亚里斯多德虽然不是贵族奴隶主的绝对支持者，但他的政见是密切地接近承认国家的政权应该由一个阶级——奴隶主阶级来掌握。

从哲学本身的发展来看，亚里斯多德有许多地方应予肯定。他将过去希腊哲学天人二大潮流合而为一大体系，对后来西方世界的哲学影响很大。同时亚里斯多德批判了柏拉图绝对唯心主义的思想。他曾说："柏拉图为吾友，真理尤为吾友。"另一方面，亚里斯多德又创制了逻辑学。在此以前，逻辑作为一个思想方法来研究尚未有过，例如柏拉图文章极美，辩理却不甚清楚，亚里斯多德的作品，逻辑性甚强，这对后世思想的影响甚大。从此以后，任何思想家研究学问都可有一定的思想方法了。

亚里斯多德对自然科学的提倡十分积极，以后西方世界一直继续他的传统，使科学研究之线索始终未断。

但亚里斯多德将阶级之划分视为天经地义，强调劳心劳力的区别，是应予以否定的。雅典三大悲剧家埃斯其娄、索浮克理和犹利庇底，虽然亦出身贵族家庭，但尚能站在人民立场说话，所以我们不能以亚里斯多德受了阶级出身的限制作为理由来谅解他的政治论，在这一方面亚里斯多德不及三大悲剧家。

亚里斯多德虽然批判了柏拉图绝对唯心主义的思想，但他并未完全摆脱柏拉图唯心主义思想的影响，最明显最重要的表现在他的目的论上。

总的看来，亚里斯多德在世界史上的地位十分重要，因为他总结了其先驱的科学成果，并且自己有许多新的建树，贡献甚大。他不仅在当时推动了科学的发展，对后世世界哲学思潮发生过巨大的影响。

第七章 希腊化与罗马帝国成立时代
（公元前三二三—公元前三一年）

到了这个时期，城邦独立的时代可说已经过去，地中海世界和亚洲西部地区的国家都已是一些大的奴隶主国家。在地中海东部和亚洲西部主要是自亚历山大帝国分裂出来的几个国家，历史上称之为“继承国”（Diadochi）。此外在地中海西部此时则有另外两个大国——罗马与迦太基（Carthago）对峙着。

一、亚历山大帝国之继承国

亚历山大死后，其部下的军人皆想继承亚历山大的地位，成为亚历山大帝国的唯一继承人，因而各以自己所统辖、占领的地区作基础，开始混战起来。在他们混战期间，帝国事实上已形成为割据局面。混战过后，帝国乃正式分裂为许多大小国家。不过原来亚历山大帝国旧的基础却并未因之摧毁，如各国间的交通始终很便利。各国的希腊化仍继续着，希腊语已成为这一地带最流通的语言，不仅是商业用语，而且变成了一种学术语。同时希腊商人的活动范围比过去更扩大了，他们不仅在陆地上，并且在海上进行了大规模商业活动。希腊商人已自红海一直航行到印度洋上，前所未有地把红海和印度洋打成了一片。东西方交通之发展，使得埃及的亚历山大里亚城开始代替了雅典而成为此希腊化世界中新的商业、文化中心。故此时这些希腊化国家仍有其统一性。

当时的亚历山大里亚城已是一个最大的国际城市，除希腊、埃及的商人外，犹太、阿拉伯和印度的商人也大批地聚集在这里。托勒密二世斐拉牒孚（Philadelphos，公元前二八五—公元前二四七年）时更在亚历山大里亚城外的发娄（Pharos）岛上建立起了一座大灯塔，作为东地中海区域内夜间航行的指标。

公元前三〇一年亚历山大部下诸将领在小亚细亚中西部之伊蒲索（Ipsos）地方打了一场大战，战后就初步有了大小六个继承国分别成立起来。现将此六国分述如下：

（一）埃及。其创业王为托勒密。托勒密一族名拉基底（Lagidae），故历史上称埃及的这个王朝为托勒密王朝或拉基底王朝。托勒密王朝的首都设在亚历山大里亚城。埃及的自然和经济条件决定了它必须是一个统一的国家，并且还要是一个集中管理的统一国家，故在托勒密王朝时，埃及国家中央集权的程度仍很高。

（二）叙利亚，中国历史上称此国为“条支”。“条支”之名得自其首都，因叙利亚建国不久后即由底格里斯河下游之西路其亚（Seleucia）迁都至安条支亚（Antiochia）。叙利亚之王族为西路其底族（Seleucidae）。

（三）波戛蒙（Pergamon）。此国是小亚细亚西部沿海地方的一个小国，首都为波戛谟（Pergamos），其王族名亚塔里底（Attalidae）。波戛蒙原为叙利亚国的一部分，在公元前三〇一年后始独立。

（四）比提尼亚（Bithynia）。此小国在波戛蒙西北，今土耳其西北角地方。其首都建在尼叩米底亚（Nicomedia）。

（五）马其顿，领土包括原马其顿与希腊。首都仍设在马其顿旧都丕拉，因其国内时常发生亚历山大后裔互争王位之事，王朝控制力仅能及于马其顿。希腊各城邦只名义上尊马其顿，但实际上却享有很高的自治权，并且各城邦经常组成联盟反抗马其顿的统治，争取真正的独立。但它们的独立斗争都未能成功，其原因还是由于各城邦内部阶级斗争的激烈：一方面是贵族派与民主派的斗争；一方面由于各邦的工商业已经衰落，大奴隶主的目标都转向了土地，因此土地更形集中起来，促使了大奴隶主与自由农民之间的矛盾尖锐化，同时奴隶暴动的事件也日益加多了。这些内部的矛盾削弱了各城邦对外争取独立的力量。

（六）罗德岛（Rhodos）。它是爱琴海中的一个小岛国，此时罗德岛已在爱琴海上代替了雅典旧日的地位，其国主要是靠商业来维持。如说亚历山大里亚是希腊化世界的商业中心，则罗德岛即是当时东地中海的商业中心。

在这六个国家中以叙利亚国的版图最大，其领土包有从地中海东岸直到伊朗高原以及中央亚细亚的大片地区。国内种族复杂，各个地区在经济上发展又不平衡，故在其立国不久后即趋向分裂，分化出来了四个国家。其一是高拉提亚（Galatia），它是高卢人建立的一个小国。这些高卢人在公元前三世纪初的时候进入了小亚细亚，占据了叙利亚的高拉提亚，公元前二七九年时成立了国家。

其二是犹太。犹太人在公元前二世纪中期时在马卡比家族的领导下举行起义，推翻了叙利亚的统治，恢复了独立。在公元前一六七年至公元前一三〇年间此国相当强大，叙利亚虽一再企图重新征服它，但始终未能成功。到公元前六四年时此国为罗马所灭。

其三是大夏（Bakhtri，Daha）。大夏国包括今阿富汗及苏联中亚的一部分。最初是原来叙利亚委派治理此地的总督狄欧窦陀（Diodotos）在公元前二五〇年否认叙利亚的统治，宣布了独立，建都于罽宾（今阿富汗首都喀布尔）。此国强大后曾向外扩展，征服了粟特（Sughda，今苏联中亚地方）。到公元前一五〇年左右有一种来自东方的塞人（Saka，Sacae）侵入并攻占了粟特，后更向南发展，公元前一三九年时已占领了全部大夏地方。这国的人自称为“大夏”人（Dahae），故中国史书上乃称此种人居住的地方为大夏。继塞人之后不久又有大月氏人自中国的西北边疆进入了大夏，占领了全部大夏地方。

其四是安息（Parthia）。安息（今波斯北部）原为叙利亚国之一省，约在公元前二四九年左右，有一人在大夏建国时为大夏总督狄欧窦陀所逐，逃到安息地方宣布了独立，是即安息创业王安息一世（Ansaces I，公元前二四九—公元前二四七年）。其王族即安息族，此地人亦自称为安息人，故中国因其人而称此国为安息。安息二世（提里达提一世 Tiridates I，公元前二四七—公元前二二二年）在位时，叙利亚曾企图击败安息，恢复原来领土，与安息不断进行战争，但终未达到目的。在弥特拉达提一世（Mithradates I，公元前一七一—公元前一三八年）时，安息开始向外扩张，向西征服了马代及两河下游地方，叙利亚国的东部地方，除大夏外尽入其版图，至此安息帝国成立。弥特拉达提一世在原叙利亚之旧都西路其亚附近又建立了铁西方（Ctesiphon）城，并将西路其亚与铁西方城联接起来，作为帝国之首都。到弗拉阿提二世（Phraates，公元前一三八—公元前一二七年）在位时，安息仍不断与叙利亚作战，并曾大败叙利亚，稳定了安息西部幼发拉底河以东的边疆。从此叙利亚的势力再不能越过幼发拉底河了。弥特拉达提二世（公元前一二四—公元前八八年）时，安息曾击败了向西进攻安息的大夏塞人。进入公元一世纪中期后安息开始混乱衰败，但安息王朝仍继续维持了二百年。

此时的希腊化世界中除上述的各国外，在叙利亚边境以外地区还存在着两个半独立的国家。一个是滂陀（Pontos），它是黑海东南岸的塞人所建立的国家。在亚历山大强盛之时，它曾投降了马其顿。亚历山大死后，此国又恢复了独立。另一个是亚美尼亚（Armenia）。此国在文化上虽也受到了希腊的影响，是一希腊化的国家，但在经济上始终是一个独立国。

在这一时期中，在地中海东部和亚洲西部一带，就是上述这些大小国家并立的局面。

二、罗马之统一地中海世界

在公元前二九〇年后，罗马将要统一意大利半岛的趋势已很明显，因而意大利半岛上仅存的一些独立的势力不得不联合起来抵御罗马。在公元前二九〇年后不久，意大利半岛上乃新兴起了一个联盟势力，这个新的联盟军包括有高卢族、西诺尼人（Senones）、伊楚斯科人和卢卡尼亚人。卢卡尼亚人实际即希腊人，因卢卡尼亚（Lucania）地方都是希腊殖民的城邦，其中最大的三城是娄科里（Locri）、克娄唐和屠利伊。但新联盟军对罗马作战（公元前二八五—公元前二八二年）的结果却失败了。

罗马打败新联盛军后，在意大利半岛仍余有一个敌人，即塔伦腾（Tarentum）地方的城邦。公元前二八二—公元前二七二年间，罗马与塔伦腾间发生了战争，塔伦腾各城请希腊半岛北部伊排娄（Epiros）国的王庇娄（Pyrrhos）助其作战，共同打击罗马。战争继续了十年之久，最初都是庇娄在战场上取得胜利，但这些胜利是以极大的牺牲换取来的。故今日在欧洲各国文字中常见“庇娄之胜利”这一典故，意即“得不偿失的胜利”。因此到战争的后期，罗马反而取得了最后的胜利。

此后在意大利半岛上已再无能与罗马相抗衡的势力。公元前二七二—公元前二六六年间罗马继续进行了一些零星的征服，至公元前二六六年时，全部意大利半岛皆已为罗马所控制。

罗马统一了全部意大利半岛后，开始将注意力转向海外，而此时地中海西部除意大利半岛外都是迦太基的势力范围，罗马欲向海外发展必然首先与迦太基发生冲突。

就罗马与迦太基两国当时的实力和政治基础来看，公元前二六六年时罗马已是地中海西部最强大的陆军国，但它在海上却毫无经验，也没有海军。而迦太基当时却是地中海最大的海军国和商业国，它的势力已伸展到地中海上整个的北非海岸，以及西班牙沿岸和地中海上三大岛——西西里、撒丁尼亚、科西嘉上。这些地方都满布着迦太基的殖民地和商站，迦太基主要是靠海军来维持其帝国。就政治基础讲，罗马与迦太基基本上是相同的，即都是大奴隶主的国家，政治都是操纵在自由人中的极少数的贵族手中。但在相同之中两者又有不同之处，即罗马的政治基础较广，政权虽为贵族所把持，但这些贵族为了缓和国内阶级矛盾，实际上还给予了平民一部分政权，也就是还多少照顾到了平民的利益。同时罗马的军队到此时为止还是全体自由公民组成的国民军。而迦太基政权的性质则与斯巴达相似，是直接了当的寡头政治，一般自由人在政治上毫无地位，政权完全操在少数大商人也就是大奴隶主手中。这点也反映在它的军队的组织上。迦太基军队完全是雇佣军，并且都是外族人，主要是北非的黑人、意大利的土著和西班牙地方的土人组成。从罗马与迦太基的国家政权和军队的组成基础来看，无疑地罗马是优于迦太基的，所以最后罗马终于能够战胜了迦太基。

在罗马统一了意大利半岛不久，罗马即与迦太基发生了正面的冲突，两者的战争在历史上被称为匹尼战争（Punic Wars）。匹尼战争继续了三次，最后以罗马灭亡了迦太基而结束。

第一次匹尼战争的基本原因是由于双方争夺西西里岛。西西里岛西部地区一向是腓尼基人的殖民地，东部地区则多是希腊的殖民地，腓尼基人——迦太基人与希腊人争夺西西里的斗争早已继续了几百年之久，而到罗马开始准备向海外发展后，首先要站在希腊人一边，反对迦太基人。因而发生了第一次匹尼战争（公元前二六四—公元前二四一年）。

在这次战争中，决定了罗马军事上的一次大变化，即罗马开始建立海军。因迦太基是海上势力，罗马要想战胜迦太基并向海外发展，必须建立一支强大的海军，否则将无法与迦太基人进行对等的战争。故罗马尽量学习了海上作战的技术，并为运用自己在军事上的主要优点——陆上作战的经验，在海舰的船头上加造了一个接弦钩，使罗马海军在与迦太基海军作战时能够冲向敌舰，钩住敌舰的船舷，然后冲上敌舰去进行交手战。在第一次匹尼战争中罗马就是以这种作战的方法打败了迦太基的强大海军，取得了胜利。公元前二四一年双方签订了和约，罗马自迦太基取得了西西里、撒丁尼亚和科西嘉三岛。

第一次匹尼战争告终后，罗马与迦太基双方的备战工作却仍继续着，因双方都很明白战争实际并未真正过去。罗马并不满足于这次战争的成就，也不能毫无顾忌地置迦太基这个强敌于其肘腋之下。同时，迦太基在这次战争中实力并未受到很大消耗，也时刻想对罗马报复，故在第一次匹尼战争结束后不到二十年就又爆发了第二次匹尼战争（公元前二一八—公元前二〇二年）。

迦太基在第一次匹尼战争终止后，立即作了新的军事上的准备。为扩充军备及补偿丧失西西里岛所造成的损失，迦太基开始深入开发西班牙半岛。就在此时，迦太基出现了一个新的军事天才，即汉尼拔（Hannibal）。他是古今公认的世界历史上的军事天才之一。汉尼拔一家积极领导了开发西班牙半岛的工作，同时汉尼拔还在西班牙训练了一支由雇佣军组成的纪律严明、作战力极强的大陆军。因为汉尼拔认识到迦太基此后不再有可能从海上去主动的攻击罗马了，除非是陆上敌人实力很弱，敌前登陆一向是兵家大忌，尤其在罗马占领了西西里岛之后，迦太基从海上来袭击罗马已更加处于劣势地位。所以他想以陆军自西班牙北进，经比利牛斯山到今日法国南部，再翻越阿尔卑斯山进入意大利境内，直取罗马城。

公元前二一八年汉尼拔率领着他所训练的大陆军和许多辎重、马匹、象等通过了阿尔卑斯山攻入意大利北部。罗马人始终不曾意料到迦太基人会从陆上进攻，汉尼拔大军的来临对罗马人来说真是自天而降，震撼了罗马全国。罗马人感到他们的国家已面临了最危急的关头，故元老院在公元前二一七年任命了名将伐比沃 Fabius 为专政官。伐比沃对汉尼拔的进攻采取了一种游击战术，利用罗马人熟习当地地理的优势，见到汉尼拔的大军就分散隐蔽起来，避免与之发生正面冲突，而在遇到汉尼拔的小股军队时，就以多胜少，包围歼灭这些军队，企图用这种游击战术来消耗远离自己后方的汉尼拔的实力，待机争取最后一刻的胜利。但这种战术的正确性却不为一般罗马人所了解，他们认为伐比沃过于怯懦，不敢与汉尼拔交锋，故讥讽伐比沃为“迟迟不前者”。今日欧洲各国文字中皆有“Fabianus”一字，意为游击战术或拖延策略。

后罗马元老院同意了撤换伐比沃，另派一人为罗马军队的指挥官。公元前二一六年罗马军队在意大利南海岸堪尼（Cannae）地方与汉尼拔打了一次大战，结果罗马军队几乎全军覆没，主力军队丧失殆尽，所以后来罗马只好释放了许多奴隶，并其属国的许多军队杂凑成军，继续作战下去。由于前车可鉴，此后罗马始终未敢再与汉尼拔正面作战，又恢复了过去的游击战术。

堪尼一役对汉尼拔来讲虽然是获得了胜利，但汉尼拔人力的损失也非常可观。汉尼拔一再派人回迦太基去请求增补援兵及各种军需品，但此时迦太基统治集团中当权的大奴隶主商人却深怕汉尼拔消灭了罗马后会倚仗其军队及战争中培养起来的威望回国夺取政权，成为迦太基独裁的僭主，因而故意用种种借口拒绝派出援兵，以致在此后几年中，使罗马人能够逐渐消耗汉尼拔的实力，最后将之逐出了意大利。

罗马在陆上驱逐了汉尼拔后，马上又派军队越海登陆进攻迦太基城。公元前二〇二年罗马军队在迦太基城附近之小城匝马（Zama）地方大败迦太基军队，迦太基投降。罗马人对指挥这次战役的罗马将军斯其庇欧（Scipio）给予了一个非常荣誉的称号“阿非利加的斯其庇欧”。因迦太基地方罗马人称之为阿非利加。

第二次匹尼战争和约的内容主要有四点：一、迦太基放弃它在地中海西部的全部属地；二、向罗马缴付重大赔款，共缴五十年，每年二百他连堂（Talentum）；三、迦太基毁掉它现有的全部海军，只能保留十只船，作为必要运输之用；四、此后如不经罗马同意，迦太基无权对外国作战。

从和约内容可以看出在第二次匹尼战争之后，迦太基实际已丧失了独立自主地位，而沦为罗马之附属国。从此罗马变成了地中海西部最强大的也是唯一的海军国，罗马已有可能乘胜开始进一步向地中海东部发展，而地中海东部的各继承国此时仍在互相混战之中，并未感觉到罗马方面的威胁，这种情况很利于罗马的向东侵略。罗马对各继承国的征服主要是利用各国内部的矛盾来进行政治离间和武力攻击的双管齐下的办法。它在一百年间就轻易地征服了地中海东部的许多大小国家，并且在征服这些国家的同时，又发动了第三次匹尼战争，一举消灭了迦太基。

第二次匹尼战争结束后，迦太基已无力再与罗马相对抗，但因其商业基础之雄厚，五十年后又逐渐有了复兴现象：其商业活动继续发展着，商船数目日益增加，并建立了一支新海军。罗马感到了迦太基再起的可能性，深想消灭后患于万一。故罗马统治者中此时有许多人公开主张，应该及时寻找借口消灭掉迦太基。主张最烈者是贵族卡图（Cato），他每次在罗马元老院会议上发言时，不论其所谈之事是否与迦太基有关，演说到最后必定加上一句：“再者，迦太基应予消灭。”

在公元前一五〇年左右，罗马暗中鼓动北非地方的一个罗马属国努米底亚（Numidia）向迦太基寻衅，用种种方法侵略迦太基。

迦太基亦知罗马的用意，最初极力忍耐着不加抵抗，但最后迫到无法可忍时还是抵御了，因而给予罗马一个口实，认为迦太基未得其同意即对外作战，立刻兴兵问罪。迦太基承认错误，请求罗马给予处罚，但罗马提出的条件是令迦太基人全体离开迦太基城迁至罗马所指定的地方去，而当时罗马却不说明它指定的地方究系何处。这种条件迦太基人自然无法接受，乃决定抵抗罗马到底，与城共存亡。这时迦太基全城的人不分阶级一致联合起来参加了作战，为挽救其国家而献出了自己的一切，他们拿出了自己所有的财产，金属亦献给国家作为修建御防工事及制造武器之用。在这次战争中，迦太基人大部战死、饿死、病死，但所余少数人仍坚持不投降，直战到最后一人。罗马围攻了迦太基城三年（公元前一四九— 公元前一四六年），最后始攻破之。城破后幸存的一些老弱残疾者都被罗马分散到各地方。罗马将迦太基城全部焚毁夷平，并用耕犁在城基上来往了七次，以示在此土地上永远消灭了迦太基。第三次匹尼战争后迦太基人亡国灭种，从此不再见于历史了。

罗马所以能战胜迦太基，主要原因还在罗马的政治基础比较广，国内阶级矛盾比较缓和，而在军事上就决定了罗马是国民军，迦太基是雇佣军。罗马就是以这种政治和军事上的优势取得了胜利的。

在匹尼战争中我们可以看出个人在历史上的作用。匹尼战争的最后胜负完全决定于第二次匹尼战争，而在这次战争中，迦太基方面有着当时无人能比的军事天才汉尼拔，但其结果还是不能挽回迦太基的颓势。所以个人在历史上发生作用，必须要在相当的政治、经济、社会条件存在基础上来进行活动，否则个人在历史上绝不可能发生影响，充其量不过是暂时的改变、加速或延缓历史的进程。

在第二次匹尼战争中罗马已取得了决定性的胜利后，就开始了它对地中海东部各国的征服，在政治阴谋和武力征服并行下，罗马对这些国家的征服进行得很为顺利。罗马首先在公元前二一五至公元前二〇五年间，公元前二〇〇至公元前一九六年间和公元前一七一至公元前一六七年间的三次马其顿战争后征服了马其顿。但此后马其顿人曾不断反抗罗马，欲恢复自己的独立，因而在公元前一四九至公元前一四八年间，与第三次匹尼战争同时发生了第四次马其顿战争，结果马其顿又失败，为罗马所灭亡。罗马在初征服马其顿时，还允许马其顿属下的各希腊城邦联盟继续存在，到公元前一四六年罗马消灭了迦太基后，乃强迫希腊各城邦联盟组织解散，希腊各邦至此乃丧失了全部的自由。

此后罗马又因收买波戛蒙国内统治者中的一部分人，包括波戛蒙王在内，得在公元前一三三年由波戛蒙王死后遗嘱赠国与罗马的方式，取得了对波戛蒙的统治。但波戛蒙人民坚不承认罗马，起义反抗罗马的统治。公元前一二九年罗马镇压了起义后，将此地划为罗马的“亚细亚省”。公元前七五年罗马又以同样的手段使比提尼亚王亦在死后赠国与罗马，统治了比提尼亚。此后罗马又在公元前六四年征服了犹太，公元前六三年征服了全部叙利亚。地中海世界除埃及外到此已全部为罗马所征服。

罗马在这一时期中的对外征服纯粹是一种掠夺性的征服，特别是在第二次匹尼战争之后，此时罗马发动的战争的性质与过去稍有不同，它的推动力量主要是由于三种人的需要：第一是大地主——大奴隶主。此时战争的目的首先是为掠夺土地与人口，满足大地主对土地、劳动力的需要。因而在这一时期中，罗马对被征服地区的掠夺比过去征服意大利半岛时更为残暴了。大地主利用他们在政治上的力量将被征服地区的大部土地攫取己有，将当地的人口大量掳掠为其奴隶，致使东地中海沿岸许多地区荒凉残破，如叙利亚地方就曾出现过“千里无人烟”的景象。第二和第三种人是商人和高利贷者。在匹尼战争之后，特别是第二次匹尼战争之后罗马始有商人和高利贷者出现，因从此时起罗马才有了大量的海外属土，才开始有人出来经营商业。这些新起的商人阶层支持罗马向外侵略，因为在战争中贵族出身的将领成千成万的掳掠被征服地区的人口变作奴隶，将他们贱价卖予这些商人，再由他们转卖到各地方去。同时这些商人又凭靠贵族的政治势力来垄断被征服地区的商业，并在当地放高利贷。而一般的罗马公民只是被强迫参加作战，本身并未得到任何好处。

三、罗马对征服地之剥削

罗马征服了地中海各国后，对各被征服地区进行了残酷的统治剥削。在一般被征服地区通常是由罗马委派的总督来代表罗马国家全权统治的，这些总督都是元老出身，罗马并未建立任何监督制度来控制、监视这些总督的行动，故而这些人到外省后俨然就是一个绝对的独裁者。从理论上讲，罗马城的执政和元老院有权力干涉控制他们，但实际总督在外省都是任性搜刮，罗马并不过问。因为总督一职已成为当时的最肥缺，作一任总督后即可一生吃喝不尽，所以总督的任期总不太长，时常更替，以便使元老院中的人都有发财机会。元老之间彼此默契，互相维护，根本不想提出任何监督办法。我们可以由总督暴政的极端范例——西西里总督菲利斯（Verres，公元前七三一—公元前七一年）事件中想见罗马总督对各被征服地区人民的剥削和压榨情况。西西里总督菲利斯不但对岛上人民任性榨取，并且洗劫了岛上所有神庙中的全部珍贵物品，对所有富户皆加以种种虚构的罪名，劫夺了他们的财产。他甚至敲诈罗马人的税吏，超出了一般允许的限度。在他在任的三年中，无数人被他随意扣押、非刑拷打，以致许多人因此丧命。由于他的胡作非为已达到太不成体统的地步了，因此才被人告发，公元前七〇年罗马元老院不得不对他提出弹劾。而一般总督只要表面上还能照顾大体，就可以安稳搜刮当地人民。

罗马所属的各省每年要按规定数额向罗马入贡，但罗马并无法定的税收制度，因此各省的税是统包出去的，由个人或类似公司的一些组织承包，承包者称“税吏”，他们被授与全权，代表国家到各省去收税。这些税吏的主要身份是罗马商人和高利贷者。他们与各省的总督勾结，彼此狼狈为奸对当地人民横征暴敛，尽量榨取，故其收入远超过他所承包的法定的税额。

此外在各省还充斥着罗马的放高利贷的高利贷者，这些人也都是匹尼战争中兴起的商人阶层中人，由其原来的社会身份讲，商人本属于“骑士”阶层。“骑士”原是罗马军队中的一个兵种的名称。罗马军队制度规定不论步兵骑兵，一切装备皆需自给，故一般平民只能当步兵，而介乎元老与平民之间的一些较富有的人则多服役于骑兵，故到后“骑士”渐成为社会上的一个特殊阶层。在匹尼战争时期中，这一阶层乃利用其军事条件上的便利及政治权力在各地从事商业活动并放高利贷。因国家法令规定元老阶级不得经商，而平民又无资本，所以只有骑士有条件作商人，因而“骑士”的身份到此时又有了改变，他们不再是军队的一员，而变成为罗马最早的大商业资本家阶层，他们是元老阶级以外的经济势力最雄厚、掌握流动资本最多的人。这些人在各地的活动除上述几种外，主要是高利贷。他们放债收取的利率最高达到四分八厘（百分之四十八）。如债户到期不能偿还其债务，这些高利贷者就请总督派兵帮助他们强迫讨债，没收债户的财产，甚至将债户本人及家属捉出卖为奴隶。

四、罗马向外侵略对意大利的影响

罗马向外扩张、征服、统治了意大利以外的广大属土后，意大利内部亦受到影响而发生了激剧的变化。在公元前三世纪时意大利基本上还是一个小自耕农占优势的地方，大奴隶主的完全靠奴隶或主要靠奴隶劳动的大田庄在此时还很稀少。但到第二次匹尼战争之后，这种情况开始改变了，一方面是小自耕农的日益减少，一方面是大田庄的迅速增加，并且田庄本身也不断扩大。小自耕农日见消灭的原因主要是因为大量的被征服地区的人口被运至意大利作为田庄上的奴隶，对奴隶劳动的最高限度的榨取大大地提高了大田庄上的可能剥削量，小自耕农无法与这些贱价或无偿得来的奴隶劳动竞争，最后被迫卖掉土地，走到城市中去找工作，或流浪至各地成为无业游民。大地主为扩大其田庄，也用种种方法来压迫小自耕农出卖土地给他，这些方法如不奏效，他们就行使最后一着，放牲群到小自耕农的田中去践踏坏所有的庄稼，令之无法为生，不得不放弃自己的土地。同时由于罗马大地主在战争中掠夺了被征服地区的大部土地，在有些地方也组成大田庄，这些田庄由于也用奴隶劳动来经营，所以有大量贱价粮食输入罗马及意大利各消费城市，因而使意大利的粮价大跌，这就对一般小自耕农造成了沉重的压力，土地再不能维持生活，债务剥夺了他们最宝贵的财产——土地。随着罗马的向外扩张，意大利半岛上残存的日益走向破产的小自耕农也逐渐减少着。

五、贫民奴隶之反抗斗争与罗马共和国之覆亡（公元前一三七—公元前三一年）

意大利半岛上农民逐渐丧失土地的严重情况以及罗马统治阶级对各被征服地区和意大利本部人民的剥削的日益加重，使罗马共和国内部阶级矛盾尖锐化，在公元前一三七至公元前三一年间，罗马城内和意大利半岛，以至整个地中海世界不断爆发了贫民与奴隶的反抗起义，其中规模最大，影响最广的是下述的几次起义。

最先爆发的大规模的起义运动是西西里岛第一次的奴隶起义（公元前一三七—公元前三二年）。西西里岛是罗马此时属土中的最富庶的地方，在其沿海有许多工商城市，内地则土地肥沃，农产品异常丰富，输入罗马的粮食大部由此地供给。故当时罗马人称西西里岛为“意大利的谷仓”。当时西西里岛上遍布着大田庄，这些田庄皆使用奴隶劳动生产，奴隶绝大多数是叙利亚地方的人。这里的奴隶在奴隶主的残酷压榨下过着非人的生活，奴隶主甚至不给他们衣服穿。公元前一三七年发生了第一次的奴隶的大规模起义，这次起义的导火线是由于某处田庄的奴隶请求奴隶主的管家发给衣服，管家不但拒绝发给衣服，而且鞭打请愿的奴隶，因而激起奴隶们长期积压于胸中的仇恨，掀起了暴动。暴动在这一个地方爆发后，立刻蔓延到全岛。当时在起义的奴隶中间出现了两个天才领袖：犹诺（Eunos）和克里昂（Cleon），在他们的领导下奴隶组成了一支有严格纪律的军队，并建立了自己的政府。整个西西里岛，特别是岛东部的奴隶贫民皆响应参加了起义，最后起义队伍曾达到二十万人。起义军屡次打败罗马派来镇压他们的正规军，西西里岛东部曾在相当长时期内控制在起义军手中。起义者阶级立场分明，他们捉到奴隶主后立即杀死，而对当地的农民和一般平民则加以保护，因而得到了当地人民的拥护，起义能继续了五年。到公元前一三二年起义军终被压服下去，罗马统治者对起义者进行残酷报复，将被俘之两万奴隶全部杀死。

在西西里第一次奴隶起义尚未被压服下去之时，罗马属国波戛蒙在公元前一三三—公元前一三〇年间也爆发了一次反抗罗马及当地统治者的大规模的人民起义运动，其经过详情已不可知。公元前一二九年罗马将此地变为罗马之一省——亚细亚省。

公元前一〇三—公元前九九年间西西里又发生了第二次奴隶大

起义。这次起义的领导人是垂方(Tryphon)和雅提尼昂(Athenion),关于起义的经过则不详。

同时在波戛蒙人民起义爆发之时，在意大利内部也发生了土地改革运动。由于小自耕农破产的情况日益严重，许多破产农民成了雇农或流亡到城市中作小本生意，但大多数丧失土地的农民皆沦为城市游民。土地问题所引起的是阶级斗争的尖锐化。因而在这时有贵族中少数对农民同情的人出来，提出了土地改革的方案，想将元老阶级的土地拿出一部分来分配给无地或少地的农民，以及城市中的游民。土地改革运动的领导者是革拉库（Gracchus）兄弟。

公元前一三三年，出身于元老阶级的提比略·革拉库(Tiberius Gracchus）因人民之拥护被选出为保民官，他在保民官任内提出了他的分田政策：限制大地主占田的面积，由法律规定占田的最高数额，超额的土地由国家没收，分配给农民和城市中愿经营土地的游民。这个政策与元老阶级的利益是不相容的，因而遭到了元老阶级的蛮横的反对，他们最后使用了阴谋手段，收买流氓在集会时制造骚动，乘机杀死提比略·革拉库。土地改革运动被迫中断。

到公元前一二四—公元前一二二年时，提比略之弟盖约·革拉库（Gaius Gracchus）被选为保民官后，始继续推行了提比略的政策。盖约·革拉库除提出分田外，并照顾城内贫民，由国家以半价售粮给他们，以改善其生活。盖约·革拉库与元老阶级斗争了四年，最后亦为元老阶级所杀。土地改革运动——人民对贵族统治者的斗争至此整个失败了。

就在罗马长期向外侵略及内部长期进行阶级斗争的这种情况下出现了职业军，职业军是由马略（Marius）首创建立的，而职业军的建立又与罗马侵略努米底亚有关。

努米底亚国在迦太基以南，过去它曾因罗马之鼓动侵略迦太基。努米底亚地方农产富饶，国家富足，罗马的骑士阶级非常垂涎这块土地，在他们的怂恿下，罗马统治者乃制造借口出兵攻击努米底亚，但努米底亚王犹哥达（Jugurtha）深知罗马将领贪图之弱点，用金银贿赂来征的罗马将官，使之迟迟不能攻占努米底亚。后有骑士阶级出身之马略出来，扬言如被选为执政，必能征服努米底亚。公元前一〇七年马略被选为执政后亲自出征努米底亚，败之。其部将苏拉（Sulla）生擒了努米底亚王犹哥达。此次战功使马略声望大增，在公元前一〇七—公元前一〇〇年间连续被选为执政。

马略在任执政期间开始改革罗马军队组织。公元前一〇四年，马略取消了罗马原来的公民服军役制度，此后罗马公民不论其财产身份皆可当兵，不再按年限轮流入伍服兵役，而由其自愿入伍，入伍后即由国家负责供给一切装备和口粮，这样，罗马军队就开始了由国民军变成了职业军。马略所以能够实行这种改革，是因为到公元前二世纪时罗马大规模地向外侵略，参加军队的人终年在外作战，已无法照顾家中生产。同时有些兵士在长期作战中习惯了军队生活，自己也不愿再回家去从事生产。故在过去的一百年间罗马国民军事实上已趋向转变为职业军，但在制度上，则还未改变，有时在一次大战过后，往往也令一部分人解甲归田。马略不过是把过去已有的现象确定下来，并将之制度化而已。

职业军成立后军队的性质即刻发生了变化，军队渐渐变成了将官个人的私军。因为这支军队在一个人训练并率领作战多年后，它只和所属的将领发生私人的关系，不再受国家的指挥和调动，实际上已不是国家的军队了。因此军队开始成为武人从事政治斗争的资本，独裁军人出现了，马略就是其中的第一人。

马略深知自己如想利用和掌握这种军队必须经常对外作战，并且取得胜利。故在公元前一〇四—公元前一〇一年间罗马军队在马略指挥下攻击骚扰罗马北部边境的金布里人（Cimbri）和条顿人（Teutones），大败这些蛮人，解除了他们对罗马的威胁。罗马军队俘获了十五万金布里人和条顿人，这些人都被变作了奴隶，分给每个士兵数个，此外皆被卖至各地为奴。

在阶级斗争日益激烈的局面下，出现的职业军加强了军队的力量，使统治阶级能够更便利的利用他们来镇压人民起义。而随着阶级斗争的继续发展，建立在职业军基础之上的军阀的势力也就日益膨胀起来。职业军出现后不久，罗马共和国内部又发生了两次重要斗争，一次就是上述的第二次西西里奴隶起义（公元前一三〇—公元前九九年），另一次是罗马的同盟国反抗罗马的斗争——同盟战争（公元前九〇—公元前八八年）。

意大利半岛南部被罗马征服的许多“同盟国”，以被称为意大利人（在古代所谓“意大利人”只是指意大利南部的一些部族，并不是半岛上人的通称）的人为主，要求取得罗马公民的地位和权利。这个要求为罗马拒绝了。因而这些盟国采取了宣布独立的形式起义。他们建立了新的政府和首都，一切政治机构皆仿效罗马。此新国即名“意大利”（Italia）。罗马与之作战，两年不胜，同时在罗马的亚洲属国中又发生了反抗罗马的起义，罗马元老院看到形势对自己不利，立刻见风转舵，在公元前八八年承认了同盟国公民可以享有罗马公民权。这样就分化了同盟国，起义运动瓦解。这次起义虽达到了最初提出来的要求，可以算是反抗罗马起义的第一次胜利，但起义者不是奴隶。

职业军出现后兴起的军阀，利用其军事势力为资本参加入罗马内部的政治斗争中，因而使罗马内部的政治斗争更形复杂化了。在职业军出现后，罗马内部政治上相对立的各阶级渐分化为两大党派。一派是贵人党，它是以苏拉为首的元老阶级、大奴隶主大地主组成的。另一派是平民党。平民党原是与元老阶级对立的平民，后骑士阶级兴起，为争取政治上的权利和地位，乃与平民联合起来组成了平民党，这一党以马略为首领。两党的对立在同盟战争晚期开始激烈起来。两党斗争的表面化是由于争夺兵权。因为在同盟战争晚期时，黑海东南岸的滂陀国强大起来，其王弥特拉达提（公元前八七—公元前八三年）在征服了小亚细亚的大部地方后，侵入了小亚细亚西岸的罗马亚细亚省，并大肆屠杀当地的罗马人（罗马商人和移民）。据当时人的估计和今日历史学家研究的结果，此次被杀的罗马人大约有十万。弥特拉达提复又渡海进入了希腊半岛，希腊人民和统治阶级中的大多数人都欢迎拥护他，认为他是解放希腊人摆脱罗马残酷统治的救星。罗马决定派大军至地中海东部去抵抗弥特拉达提并镇压“叛乱”。两党首领马略与苏拉皆欲争取此次出征之领兵权，因战争不但是他们发财的来源，而且是扩大自己的军队，以之在政治斗争中取得优势的最好机会。斗争的结果，苏拉获胜，取得了领兵权。马略失败，乃逃出了罗马城。但到苏拉出征后，马略又回到了罗马，屠杀了许多苏拉的同党人。

公元前八二年苏拉打败弥特拉达提，收复了地中海东部领地，凯归罗马后，立即实行了残酷的报复，大规模屠杀平民党人。他公布了一张黑名单，上列了约三千人的名字，宣布这些人不再享有罗马公民权，他们的子孙也不再是罗马公民，他们的财产由国家没收，任何人都可以杀死他们，法律不予过问。这次屠杀共杀死了九十个元老，二千六百个骑士，他们的财产全部被没收。没收来的大地产、田庄财物或由苏拉分赠给了他的同党人，或则公开拍卖，自然买者也都是苏拉一党的人。

元老院也乘平民党失利的机会，给予苏拉独裁权，任命他为非常执政官，任期终身，并授权苏拉来修订罗马宪法。公元前八二—公元前七九年间为苏拉和元老集团独裁时期。经过过去九个世纪以来不断的阶级斗争，原来元老集团的统治已形动摇了，一般人民已在政治上取得了相当的地位，但到了此时苏拉将人民已获得的权利一笔勾销，又恢复了元老集团独裁的局面。公元前七九年苏拉退休后，元老集团独裁统治虽仍继续，但罗马内部政治斗争又开始复起了。在这种情况下又同时发生了罗马共和国最后也是最大的一次奴隶大起义——斯帕塔库起义（公元前七四—公元前七一年）。这是一次以奴隶角斗士为主干的反抗奴隶主的起义运动。角斗是自伊楚利亚传入罗马的一种风习，它原来是伊楚利亚当地的统治者用生人作牺牲祭祀死者的一种办法，一般是用奴隶作牺牲，令其在死者墓前与猛兽相斗，或由几个奴隶彼此互斗，直到斗死为止。这种风习最早在罗马出现约在公元前二一四年，此后乃大规模的发展，成为罗马人最喜爱的一种娱乐，一般统治者和社会中的上层分子更嗜此若狂。角斗士都是奴隶。在奴隶社会中，自由人视奴隶如禽兽，角斗士的互相残杀，或为猛兽吞食，在他们并不以为奇。到后来观众且能决定角斗士的生死，原来按照一般规定，角斗中失败者一定要被胜利者杀死，但如观众认为这场角斗很“精彩”，能够满足他们娱乐的心情，愿意赦免失败者的角斗士，则以大指向上示意，此失败的角斗士可得到活命。屡次战胜的角斗士则往往被人崇拜为英雄。这种风气后来甚至影响了自由人，许多自由人也来作角斗士，渐渐许多城市中都设立了专门训练角斗士的学校，奴隶主也特别选拔他的健奴去受训，因为奴隶角斗士往往可以为其主人谋取到许多的财利。在他角斗得很精彩并获胜时观众常会将自己身上佩带的贵重装饰品投入场中，同时角斗士还可出租给一个政客，使他们以招待罗马人看角斗来博取罗马人的欢心。因而此时举行角斗已是政治活动上的一种必要手段了。

斯帕塔库（Spatacus）是罗马著名的奴隶角斗士。他在被送入卡浦瓦（Capua）城的角斗学校受训时，组织了学校中其他奴隶角斗士共二百人，准备发动一次暴动，然后再集体逃亡。但事先消息被泄露，为校中管理人发觉，这二百角斗士乃逃到卡浦瓦城附近滨海的飞速沸（Vesuvius）火山下面，以此地做根据地举行了起义。意大利各地的奴隶和贫民闻讯后纷纷组织起来投奔到这里，最盛时曾达十五万人。起义军在斯帕塔库的领导下，曾占领控制了意大利南部的大多数城市和乡村，屡次战败并歼灭罗马军队。直到罗马第五次派大军来镇压，起义军才被打败。当时曾有一支未被打败的起义军开往意大利北部，企图越过阿尔卑斯山逃出意大利，但中途恰逢在西班牙镇压了罗马平民党逃亡分子及其军队之后率军回国的贵族党庞培约（Pompeius），这支起义军乃被庞培约消灭。最后只余斯帕塔库率领少数人固守在飞速沸附近。斯帕塔库是希腊北部地方的人，他主张及时设法渡海回希腊去，以避免自己人全部被罗马的强大军事势力所消灭。但起义军中有许多意大利当地的贫民和已多年定居在意大利的日耳曼族奴隶，他们不愿流亡到异乡的希腊去，起义军内部意见发生了分歧，因而未得及时退走，而被罗马军队包围起来。斯帕塔库坚不屈服，一直战斗到死，其尸体始终未被找到。公元前七一年起义军彻底失败了，罗马统治者将在战场上和战场外俘来的奴隶共六千人一齐钉死在十字架上。钉十字架是罗马最严酷的死刑，罗马公民从不被如此处死，只有非罗马公民的自由人或奴隶才以此法处死。

公元前七一年斯帕塔库起义被镇压下去后，军阀独裁正式确立。首先是庞培约（公元前七八—公元前四八年）与克拉苏（Crassus，公元前七一—公元前五三年）两人共同独裁。由于罗马在公元前一世纪时仍继续向外扩张，庞培约在公元前六十四至公元前六十三年间攻取了叙利亚国及自叙利亚分化出来的犹太国，因而拥有了罗马最强大的军队，但克拉苏已在其先掌握了一部分军队，故表面上两人互相承认彼此的势力，进行合作，共同执政。到公元前六〇年时，儒略·恺撒（Julius Caesar）因侵略高卢地方屡立战功，在政治上亦取得了相当地位，庞培约、克拉苏乃不得不与之联合，三人共同控制了罗马共和国。历史上称此三人为罗马的“前三雄”。但三雄联合执政的局面并未能维持长久，公元前五三年因克拉苏在公元前五四至公元前五三年间至东方去攻打安息国时战死，庞培约与儒略·恺撒间的竞争乃日趋表面化，双方皆以继续立军功来提高自己在政治上的地位。恺撒继续策划征服了全部高卢地方，并自高卢渡过海峡征服了不列颠（Britannia）南部的一部分地区，因此时高卢及不列颠地方还方自氏族社会转入有阶级社会，生产力很低，故无法抵抗强大的奴隶制国家——罗马。但由于不列颠距离罗马本土太远，不易驻守，故不久后罗马军队即自此地撤退，后至罗马帝国时期罗马始再度征服之。

恺撒的成功引起了庞培约的不满，阴谋策动行使政治上的权力来解除恺撒的军权，双方的斗争乃呈表面化。按罗马的法律，出征的将官回罗马在进入意大利境内后，即不准携带其队伍，只能个人以罗马公民或官吏的身份回罗马城，军队必须就地驻扎或解散。公元前四九年恺撒自高卢回罗马，至意大利北部边界卢比科（Rubico）河时，曾一再徘徊，最后还是率军队渡过了河，这就表示他已不再承认当时的罗马政府。故在其渡河时曾说了这样一句话："Alea jacta est."意为"孤注一掷"。此拉丁语句，复为各种文字所吸收，成为成语。

公元前四九至公元前四六年是恺撒与庞培约进行内战之时，双方最后在希腊决战，庞培约为恺撒所败，在其逃往埃及时为埃及当地人杀死（公元前四八年）。此后两年中，恺撒又继续消灭了庞培约一党的人。

公元前四六至公元前四四年为恺撒独裁时期。在此期间，恺撒曾推行了一整套的改革内政计划。以前罗马并没有建立一套完整的统治管理国家的制度，因而各省总督得以在其辖地胡作非为，任意剥削，致使各地生产减退。到恺撒时始建立了地方行政制度，使罗马对各属地的统治剥削能够有计划的稳固的进行，使各地的生产不致在总督们的杀鸡取蛋式的压榨下日益衰退，而能达到促进生产的目的，以便为长期的剥削创造条件。此外，他还参照了埃及的历法改革了罗马的历法。但在他死后，其所行的一切制度皆被推翻，只历法保留未变，得一直流传下来，即被称为“儒略历”者。此历后渐流行于地中海世界及整个欧洲，至公元一五八二年此历经一次修正后即成为今日之公历。

公元前四四年恺撒被贵族中反对个人独裁拥护元老集团专政的一些人杀死。但在他死后，罗马并未能恢复元老集团专政局面，仍由掌握军权的人把持了政权。此时罗马又出现了三个军阀。一个是恺撒的继承人奥克阏飞安诺（Octavianus）。一个是恺撒的部下安敦尼沃（Antonius），他曾在恺撒死后鼓动罗马城内的恺撒党人与拥护恺撒之平民反对杀害了恺撒的“共和党”人，控制了罗马城。第三个是列庇铎(Lepidus)。这三个人都掌握了军队。大家势均力敌，故乃联合执政，历史上称他们三个为罗马的“后三雄”。

后三雄取得政权后欲大犒部下军队，收买士兵的欢心，但缺乏犒军的费用，于是他们想了一个最快的筹集金钱的办法，就是在所有的罗马元老和骑士的名单上圈出与他们平时有嫌的人，或他们不喜之人，然后照单屠杀并没收其财产。这次屠杀的结果，共杀死元老三百人，骑士两千人，虽较苏拉那次屠杀的人略少，但所得财物却较之为多。

公元前三六年三雄将逃往希腊的拥护元老集团专政的共和派最

后消灭后，三人之间的冲突乃开始爆发。列庇铎最先为奥克阏飞安诺打败，本人亦被俘。因列庇铎非常无能，故奥克阏飞安诺只将他软禁了二十年。公元前三六至公元前三一年间奥克阏飞安诺与安敦尼沃在表面上则还维持着和平。此时安敦尼沃的势力重心在埃及，以埃及为中心统治了罗马共和国东部地方。到了公元前三一年，双方正式冲突，在希腊西岸外，打了一次大海战，安敦尼沃失败自杀。公元前三一至公元前三〇年间可说是罗马帝国成立之时，奥克阏飞安诺就是帝国的第一个皇帝。

公元前一三七至公元前三一年的百年间，从政治上看就是罗马共和制度的逐渐消灭与军人独裁的帝国制度逐渐成立的过程。共和国覆亡和帝国成立的基本原因主要是因在这一百年间在不断的奴隶贫民反抗奴隶主的起义斗争、不断的统治阶级内部党派的斗争和罗马长时间向外扩张中，使许多军人培养起了个人的势力，到职业军兴起后，自然出现了军阀。在国民军存在时期，罗马的军队还有比较清楚的社会阶级基础，到成立职业军后，正值城市中不务正业的流氓与失去生产资料在各地流浪的人日益增加，参加职业军的主要就是这些人。这些人生活不安定，最容易被野心军人所利用，成为他们从事政治斗争的工具，故职业军成立后，很快就出现了军阀。军阀反映在政治上，就是个人独裁。

罗马一般的统治阶级也愈益拥护这些军阀，因职业军常年从事战争，作战力强，可以有效地镇压国内起义运动。旧的贵族阶级最初反对职业军，到后来因职业军稳定了他们的政权，故渐渐也不反对了。不过旧贵族阶级与军阀之间存在着争夺政权的矛盾。之后统治阶级内部也在斗争中分裂为两派，一派拥护旧贵族——元老集团，一派拥护军阀，双方斗争很激烈，如恺撒就是被拥护元老集团的人杀死的。但拥护军阀的人，包括旧贵族阶级在内已是愈来愈多了。

从军阀个人来看，其中只极少数是有政治眼光的，而大多数都没有清楚的政治见解，只求谋取保持个人的地位。他们大都是大奴隶主出身，所以无论如何，他们在阶级斗争尖锐化时还是站在旧贵族阶级一边，维护旧贵族的权益。故一班旧贵族到后来也认为军阀是维持其政权与剥削的最可靠的和唯一有力的武器。恺撒出来独裁时，还有少数人反对，到奥克阏飞安诺时，则表面上已无人反对了。军阀独裁——皇帝制度之成立是这一百年间阶级斗争发展的结果。到公元前三一年后，罗马在政治上已发生了很大的变化，虽然仍旧是大奴隶主的政权，但已由皇帝一人独揽大权，元老集团已无真正权力，皆甘愿仰皇帝之鼻息，以此代价换取他们对人民的继续控制与剥削。

六、希腊罗马文学

希腊文学在希腊化时代是以亚历山大里亚城为中心的，故历史上称这一时期的希腊文学为“亚历山大里亚文学”。当时从事文艺学术活动的人大多集中于此城，就像他们以前集中于雅典一样。同时在这一时期中开始出现了拉丁文学，即罗马文学。由于罗马之日形强盛，罗马城也渐变成了地中海世界的第二个文化中心。

这一时期的文学的特点有二，即内容上的贵族性与形式上的摹仿性。在此以前的希腊文学，就内容上讲，无论它是反映哪一阶级意识的作品，它总是能够比较直接地积极地反映出一个时代的生活，按照不同的阶级愿望提出了一个时代的社会政治问题。而此时的文学则不但在内容上已完全与实际生活脱离，并且本身也变成只供极少数人玩赏的东西，和少数文人小圈子里的一种风雅活动。而在形式上，此时的文学都是摹仿过去的经典作品之作。文学的生命和根源是一个时代的实际生活，现在文学既不再能活泼地反映实际生活，自然也就不会在形式上有新的创造了。所以一般作品既无充实的内容，只有笔墨上去玩弄花巧，故很自然地走上了仿古这一条路。形式上仿古的结果则更促使了内容进一步的僵化。从形式到内容既然都不能有进一步的发展，于是就造成了一种以仿古为荣的风气。

此时的希腊文学的体裁也很单调，主要是诗词方面的作品。比较重要的作家有三人。一是抒情诗人提沃克里陀（Theocritus，公元前三〇五—公元前二五〇年）。他是西西里人，但其一生中的大部分时间居住在亚历山大里亚城。他很为埃及王所赏识，等于是埃及王宫廷中的御用诗人。提沃克里陀的诗自成一种风格，其诗都是牧歌和农歌，描写牧人和农民的劳动生活。他的诗虽有一定的文学价值，但其中所描写的牧人农民的生活和形象都是出自这位诗人自己的幻想的，而不是当时牧人和农民生活的真实反映。同时欣赏这些诗的人也都是脱离实际生产，脱离实际生产环境居住在大城市中的人。由于他们自己的生活非常空虚，因而沉湎在想象的田园生活之中，把劳动者—— 牧人和农民的生活理想化起来。这完全是一种脱离、逃避实际生活自我陶醉和享乐的表现。

第二个是卡里马科（Callimachos，公元前三一〇—公元前二四〇年）。他是其里尼（Cyrene）人。他一生中曾写了许多的诗，有颂神诗、抒情诗和讽刺诗。但所有的诗都纯粹是摹仿过去作品的，并且摹仿得不高明，其诗的文学价值是有限的。

第三个是亚波郎尼约·罗德（Apollonios Rhodios，公元前二九五—公元前二一四年）。他曾摹仿荷马的史诗写了长诗《亚哥英雄咏》。

此外在戏剧方面此时也有少数作品。过去希腊戏剧都是反映城邦的社会政治生活的，到这一时期由于作为一个独立自主的政治单位的城邦已经没落，已成过去，故以此为其泉源的戏剧也在趋向消灭，只有少数人继续着这种写作。其中比较可叙的只有米南德（Menander，公元前三四三—公元前二八〇年）的“新喜剧”。米南德的喜剧还能反映一些当时的实际生活，他描写了代表当时的各种典型的人物，如军人、流浪者、看财奴等。但其作品的文学价值并不高。

拉丁文学——罗马文学自此时起开始出现。初期的拉丁文学在诗词和戏剧方面多是翻译希腊的作品，或者是抄袭、摹仿希腊的作品。比较重要的戏剧家有浦罗陀（Plautus，公元前二五四—公元前一八四年）和特伦提约（Terentius，公元前一九三—公元前一六〇年）。在散文文学方面也多是摹仿、抄袭希腊之作，如波里比约（Polybios，公元前二〇四—公元前一二二年）的《罗马史》，卡图的《农书》。卡图的《农书》主要是根据迦太基的许多农书，加入自己的意见写出的一本书。卡图自己也承认这是一本翻译迦太基农书的作品，这本书的文学价值很有限，但史料价值却很高，因其中详尽地介绍了当时迦太基人在农业方面的知识和农业生产技术。

到公元前一世纪晚期拉丁文学开始成熟。此时的拉丁文学才开始有了一些创作的意味。在诗词方面如卡塔卢（Catallus，公元前八七——公元前五四年）的抒情诗，已多少具有了一些自己独特的风格。在历史学方面，也出现了一些重要的作品，如儒略·恺撒（公元前一〇〇—公元前四四年）的《高卢战史》及其他战史。因他能有条理的叙事并较深刻地分析一些问题，故其作品有很高的史料价值。其他较重要的历史学家还有撒卢斯提约（Sallustius，公元前八六—公元前三六年）、狄欧多罗（Diodorus，公元前九〇—公元前二〇年）、尼波（Nepos，公元前一〇〇—公元前二九年）和载尼西约（Dionysios，公元前五四—公元前七年）。

在拉丁文学发展上第一个重要的人物是奇克娄（Cicero，公元前一〇六—公元前四三年）。奇克娄出身于骑士阶级，曾作过罗马执政和外省总督。奇克娄作品不但数量多，而且包括范围很广，同时拉丁文之作为一种表达思想的工具，作为一种文学，是到奇克娄时始成熟的，故在文学史上公元前一世纪往往被称为奇克娄时代。奇克娄的作品包括有演说学，和他自己的演说集，其哲学著作多是柏拉图的对话体体裁，但内容纯是抄袭，并无他自己的见解。他曾摹仿柏拉图的《理想国》写了一本《政治学》。此外还有他的书信集。其作品的特点是词藻的华美。

拉丁文学在初期纯是一些摹仿希腊的作品，到奇克娄时代，拉丁文学虽已形成熟，但独立创造性的作品仍很稀少，而且拉丁文学直到此时为止还不过是起一种点缀作用。如奇克娄的作品虽有相当的文学上的价值，但其内容不外是赞颂正在成长的大帝国和罗马的某些领袖人物而已。不过，拉丁文学对后世来说都有其重要性。由于奇克娄及以后的许多罗马作家吸收了希腊文学、哲学的内容，用拉丁文将之表达出来，就使得中古时代一般西欧人已不熟习希腊文时，希腊的文学、哲学还能经由他们的作品一直流传下来。同时到奇克娄时代，拉丁文已成为一种成熟的表达思想的文字了，到中古时期，它更变成了西欧甚至整个欧洲的国际学术语，对学术的发展和交流起了一定的作用。到进入资本主义社会后，西欧的先进的资本主义国家的学术思想曾在一定时期非常发达，随着资本主义在全世界的扩张，其学术思想也传播、影响到全世界，因而拉丁文也由欧洲的国际学术语变成了全世界的国际学术语。

七、希腊化时代的哲学与科学（罗马附）

到这一时代独立城邦已然消灭，因而建立在城邦基础之上的哲学到此时亦趋向没落。此时的哲学已不再是一套完整的企图解释和认识世界和人生的哲学思想了，而主要是一种个人主义思想的表现。因为此时各希腊化国家在政治上都趋向于君主专制独裁，不但一般人民毫无政治地位，就是统治阶级也不再能自由地积极地参加政治活动了，他们都得服从君主个人的意志。因此对宇宙人生的一切问题认识得比较深刻的人很不满意于这种现状，但是在专制统治下既然不能在政治上有所发展，也不能公开表示自己对现状的怀疑，只好反过来逃避到自己的人格的研究里去寻找归宿。探讨个人的品德问题就代替了对自然本身和社会生活的研究，于是出现了个人主义的哲学思想。前一时期的犬儒学派即是这种思想的萌芽，而发展到此时，则已成为了哲学中的主流。逃避现实不外用三种方式：一是逃避到个人享乐主义的象牙塔里；二是逃避到不为外物所动的“自持”的象牙塔里；三是逃避到否定一切的虚无主义—— 怀疑主义的象牙塔里。

哲学上的享乐主义的首倡人是西里斯提波（Aristippos，公元前四世纪）。继其后的享乐主义者还有提欧铎罗（Theodoros，公元前三一〇年）、犹西摩罗（Euhemeros，公元前三一〇年）和西哥希亚（Hegesias，公元前四、三世纪间）等。但享乐哲学的成熟却是在伊比鸠鲁(Epicuros，公元前三四二—公元前二七〇年)之时。

伊比鸠鲁是撒摩岛人，成年后来到了雅典，在一个花园中讲学，故此派又称花园派或伊比鸠鲁派。伊比鸠鲁派的目的就在追求个人的快乐，要求以自己的认识作标准的，内心世界不受外界影响的“静止的人生”。他们的享乐主义不是庸俗的一心一意的追求目前一时物质生活的享受，包括实际政治和社会地位的获得在内，而是寻求一种可以不依外界的物质条件为转移的、在本身所处的物质条件下的最大可能的快乐。那就是以自己的认识作标准的精神上的快乐，而在自我精神范围之内所获得的快乐却是没有限度的。他们认为及时寻求快乐才是人生的最高目的，服从于外界使人痛苦的条件是没有意义的，并且精神上的快乐远超过物质享受的快乐。人所要追求的是精神上的快乐，如为个人的鉴赏的目的，而不是为解决社会和政治问题的目的来研究文学、哲学等。显然这是对外界实际生活中违反自己认识标准的政治和社会压力的一种逃避和消极反抗。但伊比鸠鲁派精神享乐的人生哲学思想的基础却是建立在唯物论的原子论学派之上的。他们以原子论来否定了神。他说宇宙是原子构成的，原子不断地转动变化乃产生了宇宙间的万物和人，神则居住在宇宙以外的另一世界，所以神与人的生活无关，神并不是世界的创造者和主宰者。他认为灵魂是由最细最轻的原子组成的，在人死后，组成灵魂的原子即分散掉。所以他们认为迷信是毫无道理的事，特别注意破除迷信，以为许多人之所以不能寻找快乐，就是因为受了迷信的阻碍。这种说法是可以理解的，因为神和迷信是统治者迫使人民在现实生活中完全服从于他们的一种精神武器，要摆脱现实政治对人的精神上的影响，就不能不摧毁神的迷信。

伊比鸠鲁的哲学思想虽是由原子论出发的，但由于原子论只是用来作为他们那种人生哲学的物质根据，故他终不能脱出这一时代的思想—— 个人主义的思想范畴。后此派不但没有新的更高的发展，反而趋向了专门注意物质上的享乐去了。伊比鸠鲁的哲学著作未流传下来，只是由于公元前一世纪时罗马的哲学家鲁克里提约(Lucretius，公元前九八—公元前五四年)写了一首长诗《万有论》，其中包括了伊比鸠鲁的主要思想，才使我们能够窥见了伊比鸠鲁的思想。

另一个哲学上的主要派别是彩廊学派。此派的创始人是兹诺（Zeno，公元前三三六—公元前二六四年）。兹诺可能是一希腊化了的腓尼基人。他最初从事经商，后始研究哲学。他曾在雅典讲学，讲学地点是在一条长廊上，故此派被称为彩廊学派。

兹诺的思想出发点与伊比鸠鲁相似，即是要在专制主义的政治社会条件下，寻找个人精神世界的独立，争取自己生活的主动，他们的口号是“求定心”（自持）。但是他们的思想指导人生所得到的实际效果却和伊比鸠鲁完全不同。首先是他的哲学体系是建立在唯心论的基础之上的，并且带有浓厚的宗教色彩。他认为宇宙就是一个大的精神，这种精神有如上帝，是不依人的意志来更改的。人也有自由的精神，但人的精神只是宇宙精神的一部分，当人死后即与这种宇宙精神混为一体，复返本原。他所以认为人必须要有理性，只是为了运用这种理性来对这种宇宙精神有规律的运动作积极地协助，人只有自觉的用自己的精神来配合这个宇宙精神的运动之后，才能达到个人现世精神上的绝对安宁，才不致为外界任何力量所苦。因此他认为每个人都要设法使自己的思想生活和这个宇宙的精神相吻合，不要反抗它，而要按照它的意志来安排自己的生活。求知识的目的不是为了别的，既不是为了解决现实的社会政治和自然现象的问题，也不是像伊比鸠鲁派那样为了自己的享受，而是为了了解这个宇宙精神，然后依自己了解的程度来使自己过着一种自认为是“道德”的、不受外界影响的自持的生活。他认为一切情感都是病态的，人应当在自己认识的基础上过一种极端理性的生活，不为一切外物所动，这样才能始终清楚的认识那种宇宙精神，知道在各种情况下如何自处。可是这种个人主义实际上已经等于否定个人了。因为兹诺的这种“求定心”的个人主义思想的结果是要个人承认天命，承认一切事物早为上帝安排妥当，人无须怀疑，只要承认、接受和忍耐一切就行了。这种思想对个人精神世界来说是积极的，因为他们不是消极接受天命，而是主动的去认识和服从天命。但对指导现实人生来说，却是极端妥协和屈服的，因为承认天命，就等于消极地接受了现状，甘心生活于大奴隶主国家的统治之下，放弃了个人的行动自由。至于到了外界的压力大到实在使个人的“自持”认识都不能维持，无法再忍时，则可以自杀。在他们看来自杀也是完成配合宇宙精神运动的一个手段。兹诺后来果然实践了自己的哲学，以自杀结束了自己的生命。

其后之彩廊学派并无任何新的发展。

第三个派别是怀疑学派。此派的首创人是庇罗（Pyrrhon，公元前三六五一公元前二七五年）。他是埃里地方的一个末流智者。他曾研究过各学派的哲学思想，发现在哲学上的一些基本问题的意见上没有任何一派是和另外一派相同的，故而他得出了一个结论，即不可知论。他认为任何问题都可以有正反两面的说法，所以真理是不可知的。这种思想的出现，是因为此时的哲学已不谈实际问题，所以庇罗在研究过去的许多哲学思想时并不结合他们所由产生的社会现实生活来研究，他既不能研究各派产生时的社会背景，当然便只能将许多名词颠来倒去，玩了一阵概念游戏，最后一切才都成为不可知的了。这种不可知论对生活的实际意义即是对现实政治和社会既不明白的接受，也不断然的反对，只是依个人的利益得过且过，故基本上也是属于个人主义哲学范畴的。

庇罗之后还有许多怀疑主义者和怀疑主义的思想派别出现：如提蒙（Timon）、柏拉图学派的怀疑主义（公元前三、二世纪间）等。其中以实验派的怀疑主义最可注意。此派的名家多为医生。最重要的是名医伊尼西底谟（Aenesidemos，公元前一世纪）。伊尼西底谟是诺索斯人，后在亚历山大里亚城行医并讲学。他的哲学思想是“难知论”，他认为人凭感官所得的外界的印象并不可靠，一个健康的人和一个生病的人的认识就有所不同，这就证明了人对外物的认识是不可靠的，人自己无法证明自己的认识是否正确，所以一切知识都是相对的，没有绝对的。宇宙的本质是什么？个人的看法不同，而凭感官来了解也是靠不住的，所以宇宙是不可知的。值得注意的是伊尼西底谟的思想完全是从个人肉体的感官的体验过程出发而得出的结论，与那些凭观念出发的不可知论不同。由于受当时科学发展水平的限制，使他无法对人的官觉进行正确的科学分析，因此他不能懂得人类认识过程中理性认识的重要性，只能停留在粗浅不堪的从感官感觉出发的感性认识阶段。加以当时的时代环境容易使人走向个人主义的道路，因而他的哲学思想虽然注意到了人类自己的“实践”——粗浅的感官感觉，而非生产活动的实践——对认识的重要性，但他终于得出了“难知论”的结论。

自然科学在此时期中有着光辉的成就。这个时期的自然科学基本上是继承了亚里斯多德的传统而发展起来的。加以这时由于各希腊化国家的政府特别是埃及政府看到自然科学在生产上的实际用途，也极力提倡，并给予科学家财力物力的支持和各种便利，因而使自然科学得以超越前代地有了不少新的发现和发明。

就今日所知世界上最早进行的、规模最大最有系统的科学研究是此时的科学研究。当时埃及政府提倡科学研究，曾在亚历山大里亚城内设立了一座规模宏大的科学研究院。这个科学研究院的院址设在文艺女神 Mousai 庙中，故被称为“Mou-seion”。今日欧洲各国文字中的“博物院”（Museum）一词即来源自此。亚历山大里亚的科学院可说是一个科学家的研究社会：由埃及王所派的一个会长来组织、领导，科学家皆接受国家的薪俸。研究院为科学研究工作设置了植物园、动物园、解剖室和观象台等，并且有一个藏书达七十万册的图书馆，在当时是世界上最大、藏书最多的图书馆。

希腊化世界中，其他著名的图书馆还有亚历山大里亚城的西拉皮（Serapis）神庙图书馆、波戛谟城的图书馆、安条支亚（Antionchia）城的图书馆。

在这一时期中在数学、物理学和天文学方面都有很高的成就。如数学家犹克里底（Euclides，公元前三〇〇年）集过去印度、巴比伦、埃及几何学之大成，创造出几何原理的完整体系，直到现在犹克里底所证明的公式和定理仍是初级几何学的基础。天才的数学家和物理学家亚其米底（Archimedes，公元前二八七—公元前二一二年）对圆形、圆体和尖体的量法作出了很大的贡献。在物理学方面，他发明了比重原理和求重心的方法。他又是第一个将数学的算法应用到各种军事机械上的人，从而发明了许多作战器械。

在天文学方面，亚历山大里亚图书馆长伊拉陀斯提尼（Eratosthenes，公元前二七五—公元前一九五年）曾进行了推算地球大小的测量工作，第一个采用了今日仍在利用的方法——三角测量，他以此法得到了与真实数字相差不多的得数。此外他还著有《地理学史》撒摩岛人亚里斯塔科（Aristarchos，公元前二八〇年）曾根据其对天文学的研究，最早地提出了太阳系的学说，但他的发现并不能为当时人所接受，故未得流传。至公元二世纪时，托勒密（Ptolemaios）写了一本具有总结性的天文学著作，肯定地认为太阳、月亮和其他行星、恒星都是围绕着地球运转的。托勒密的错误的天文学体系在此后一千三百年间一直支配着天文学的研究。

在生物学和医学方面，如西娄菲罗（Herophilos，公元前三〇〇年）在其著作中表现出了非常深入的解剖学知识。当时的外科医生，在动手术时，已使用了麻醉剂。西娄菲罗对药物——草木药材的使用方法也很有研究。此外他在生物学方面的深入研究使他证明了人的精神中枢是脑，而不是心，并发现了人体内血液循环的道理。

考证与校勘之学也是自此时开始的。最早对古代的文学哲学加以批评的是亚里斯多德，此时的学者继承了亚里斯多德的传统，对过去的文学学术著作进行了整理、研究。当时考证工作主要是对古代名著的考证和训话、书目的编制、文学的研究、字典的编制、神话集的编制、地理典籍的编制、各种文学（戏剧、诗歌、哲学）史的编纂和名人传记的编纂。

希腊化时代的哲学与城邦时代的哲学有显著的不同，可以视之为希腊哲学史上的一个阶段，这一阶段哲学的特点从形式上看就是它的学术化。哲学学术化是和哲学思想的创造性相对而言的。哲学本最重独立思考，针对自然界和社会上所存在的重大问题代表一个阶级或阶层提出解释，有自己的观点，有自己的逻辑，而自成一个体系。城邦时代的哲学思想的繁荣就表现在哲学家们都有一个独立的思想体系，因而在哲学的范畴之内，不论在宇宙观、人生观、认识论和方法论上都提供了新的发现，从而丰富了哲学的内容但到了希腊化时代，哲学已经消失了它的创造性，并没有在前代诸名家的基础上有进一步的发展，在一些根本论点和方法论上都不能脱出前人范畴，最多只是“沿袭师授”。等而下之，则博采各家，断章取义，杂糅而成为自己的认识，是即“杂家”（Eclecticae）。这样失去了独立创造性、只是承袭前人思想的哲学，便好像学术研究工作一样了，故谓之学术化。

希腊化时代哲学的学术化表现在两方面：一是思想完全派别化，就是哲学家们只依附在一种已经独立形成的思想体系之下，专在这一思想上下功夫，并以此为标榜，于是就形成一派。这派就沿袭相传师授相承下去了。希腊化时代比较著名的如伊比鸠鲁学派、彩廊学派等虽然还能自成一个体系，但他们的独特之处，只在于能解决个人的人生态度上面，而在一些根本的观点和方法论上并未超出前人的范围，换句话说只不过是利用前人的成就来为个人的享乐主义思想作注脚而已。学术化的另一表现就是杂家的出现，杂家较前一类哲学更形没落了。因派别化的哲学，虽然只是沿袭师授，但还是在一个逻辑一个体系之下发展的，而杂家则根本没有自己的体系与逻辑，完全是割裂别人的体系和逻辑来凑成自己的认识。这种杂家可以彩廊派中的杂家和柏拉图学派中的杂家为代表。罗马最早研究哲学的人也都是杂家，如法娄（Pharos 公元前一一六—公元前二七年）与奇克娄（公元前一〇六—公元前四三年）。

何以希腊化时代的哲学独少光彩呢？这是因为独立的城邦时代已经过去，统一而专制的政治局面出现，各个阶级和阶层已经失去了他们独立的政治活动和社会活动的可能性，因此也就没有可能提出任何新鲜的问题出来了。生活的多样性既已消失，那么哲学的繁荣也就没有了。

但如就希腊化时代的哲学本身来讲，则可以总结出这样的结论：即这些无哲学创造性而以个人主义为突出特征的思想派别是代表着当时整个奴隶主阶层的意识，因为这个时候的奴隶主阶层已丧失了自己独立政治和社会活动的环境，于是只好钻进个人主义的圈子里来消磨自己的暮年了。如享乐主义即完全是大奴隶主阶层的思想，因为只有拥有许多奴隶与财富的大奴隶主，才有可能追求那种享乐，否则根本无法奢谈享乐，享乐哲学也无法出现。彩廊学派的思想从表面上看，似乎与享乐主义不同，他们着重在不为外物所动的“自持”，但事实上可以悠闲自在的去“自持”的人也只有奴隶主阶级，劳动人民绝无这种条件。怀疑主义则更是饱食终日无所用心的人一种精神上的享受。所以这一时期的哲学，基本上是没有什么可以肯定的方面的。不过，伊比鸠鲁学派却具有其重要性，因为它继承了过去希腊原子论哲学家的唯物原子论的传统，并在此基础上提倡无神论。他们是西方最早的有科学基础、完整理论的无神论者，而且经由此派使原子论得以流传下来，成为此后欧洲唯物主义的一个很重要的传统。

希腊化时代的自然科学与考证方面的成就应予全部肯定。少数保留下来的此时的自然科学方面的作品一直是世界科学的宝贵遗产，而当时的考证工作也为此后的考证、校勘工作与古典文学的研究打下了良好的基础。